Svetlana Adam

Wie präsentieren Online-Shops ihre Produkte greifbar?
Auswirkungen des Need for Touch auf die Kaufbereitschaft von Kunden

Bibliografische Information der Deutschen Nationalbibliothek:

Die Deutsche Nationalbibliothek verzeichnet diese Publikation in der Deutschen Nationalbibliografie; detaillierte bibliografische Daten sind im Internet über http://dnb.d-nb.de abrufbar.

Impressum:

Copyright © Science Factory 2020

Ein Imprint der GRIN Publishing GmbH, München

Druck und Bindung: Books on Demand GmbH, Norderstedt, Germany

Covergestaltung: GRIN Publishing GmbH

Abstract

Diese Studie untersucht die Effekte von Produktpräsentationsformaten (PPF) mit dem Ziel die Frage zu beantworten, inwieweit diese einen Einfluss auf die wahrgenommene Greifbarkeit des Produktes haben und wie sich das auf die Kaufbereitschaft auswirkt. Da das individuelle Berührungsbedürfnis eine wesentliche Rolle beim Kauf darstellt, dieses jedoch bislang nicht in diesem Kontext untersucht wurde, wird der potenzielle Einfluss des autotelischen Need for Touch (A-NFT) beleuchtet. Es wurde eine experimentelle Untersuchung im Between-Subjects-Design (n = 397) durchgeführt, um die Effekte der Online-PPF (Bilder vs. Produktvideo) zu testen. Die Ergebnisse geben Aufschluss darüber, dass PPF einen Einfluss auf die physische und mentale Greifbarkeit des Produktes haben. Entgegen der Annahmen zeigen nähere Betrachtungen, dass Produktbilder eine höhere Greifbarkeit als das Produktvideo hervorrufen und sich zudem positiv auf die Kaufbereitschaft auswirken. Des Weiteren zeigt sich, dass keine Interaktionen zwischen den PPF und dem A-NFT vorherrschen. Zugleich offenbart sich der Einfluss vom A-NFT, wobei Individuen mit einer niedrigen A-NFT-Ausprägung Produkte als mental greifbarer erfahren. Des Weiteren zeigt sich ein positiver Zusammenhang des impulsiven Kaufverhaltens und des A-NFT, was für allem relevant für die E-Commerce-Branche ist, da Konsumenten vermehrt zu Impulskäufen tendieren. Die Ergebnisse dieser Studie zeigen deutliche Kontroversen zu früheren Studien, die sich auf die Effekte von Online-PPF beziehen. Vor allem Online-Händler können von den Erkenntnissen profitieren und sinnvolle Investitionen in die PPF tätigen, um dem Konsumenten das Produkt näher zu bringen und den Abverkauf zu steigern.

Inhaltsverzeichnis

Abstract III

Abbildungsverzeichnis VI

Tabellenverzeichnis VII

Abkürzungsverzeichnis VIII

1 Einleitung 1

2 Theoretische Betrachtungen 3

    2.1 Haptik und die Mechanismen sensorischer Verarbeitung 3

    2.2 Sensorisches Marketing in der Onlineumgebung 3

    2.3 Need for Touch 5

    2.4 Intangibility 7

    2.5 Online Produktpräsentationsformate 10

    2.6 Impulsives Kaufverhalten im Onlinekontext 12

    2.7 Stand der Forschung 14

    2.8 Forschungsfrage und Hypothesen 15

3 Methode 17

    3.1 Forschungsdesign 17

    3.2 Messinstrumente 18

    3.3 Stichprobe und Untersuchungsverfahren 19

4 Ergebnisse und Interpretation 22

    4.1 Deskriptivstatistische Auswertung .... ??

    4.2 Prüfung von Voraussetzungen 26

    4.3 Inferenzstatistische Auswertung und Interpretation 28

    4.4 Explorative Ergebnisse 33

5 Diskussion **36**

5.1 Rückbezug zur Theorie 36

5.2 Theoretische und praktische Implikationen 39

5.3 Limitationen und zukünftige Forschung 40

5.4 Fazit 41

Literaturverzeichnis **43**

Anhang **49**

Abbildungsverzeichnis

Abbildung 1. Treatments der Studie. Stimulus 1: Produktbilder (links); Stimulus 2: Produktvideo (rechts) 21

Abbildung 2. Histogramm der Altersverteilung nach Geschlecht 23

Abbildung 3. Balkendiagramme der Onlinekaufhäufigkeit (links) und der Beschäftigungsverteilung (rechts) 24

Abbildung 4. Dichtediagramm (links) und QQ-Plot (rechts) der Variable Physische Greifbarkeit 25

Abbildung 5. Histogramm der Variable A-NFT mit eingezeichnetem Median 26

Abbildung 6. Boxplot zur H5: PPF und Kaufbereitschaft 30

Abbildung 7. Boxplots: A-NFT und Geschlecht (links) und I-NFT und Geschlecht (rechts) 34

Abbildung 8. Boxplots zur Zahlungsbereitschaft anhand des Geschlechts und PPF 35

Abbildung 9. Treatment 1: Produktbilder 56

Abbildung 10. Treatment 2: Produktvideo anhand eines Storyboards 57

Abbildung 11. Dichtediagramme der metrischen Variablen entlang der Studie 60

Abbildung 12. QQ-Plots der metrischen Variablen entlang der Studie 62

Abbildung 13. Prüfung auf Linearität der H1 (1) und H2 (2) 63

Abbildung 14. Matrixdiagramm der Korrelationen 64

Tabellenverzeichnis

Tabelle 1 Statistische Kennwerte der Variablen entlang der Studie 24

Tabelle 2 Korrelationen entlang der Studie (n = 397) 29

Tabelle 3 Deskriptive Statistiken der Faktoren zur Mentalen Greifbarkeit 31

Tabelle 4 Übersichtstabelle der zweifaktoriellen ANOVA zu den Effekten der PPF und des A-NFT auf die Mentale Greifbarkeit 32

Tabelle 5 Deskriptive Statistiken der Faktoren zur Physischen Greifbarkeit 32

Tabelle 6 Übersichtstabelle der zweifaktoriellen ANOVA zu den Effekten der PPF und des A-NFT auf die Physische Greifbarkeit 33

Tabelle 7 Items und statistische Kennwerte der Buying Impulsiveness Skala 49

Tabelle 8 Items und statistische Kennwerte der Intangibility Skala 50

Tabelle 9 Items der Need for Touch Skala 51

Tabelle 10 Items der Purchase Intention Skala 51

Tabelle 11 Deskriptive Maße der Befragten (n = 397) 58

Abkürzungsverzeichnis

A-NFT	Autotelischer Need for Touch
AR	Augmented Reality
AV	Abhängige Variable
fMRT	funktionelle Magnetresonanztomographie
I-NFT	Instrumenteller Need for Touch
NFT	Need for Touch
PPF	Produktpräsentationsformat
UV	Unabhängige Variable
Vpn	Versuchsperson
VR	Virtual Reality

1 Einleitung

Die moderne Gesellschaft: Ein Leben und Arbeiten ohne digitale Endgeräte? Betrachtet man die rasanten Fortschritte in der Gesellschaft, ist dies im heutigen Alltag kaum mehr vorstellbar. Die Ergebnisse der repräsentativen Befragung zur Entwicklung und aktueller Lage der digitalen Gesellschaft in Deutschland zeigen, dass die Internetnutzung für über 80% der über 14-jährigen Bürgerinnen und Bürger zum Alltag gehören. Bei der Nutzung stehen neben der Verwaltung der E-Mails und der Suchmaschinennutzung das Online-Shopping im Vordergrund, wobei bereits jeder Dritte (38%) mindestens einmal in der Woche Waren im Internet einkauft (Initiative D21, 2019).

Im Online-Kontext führt die Absenz der physischen Interaktion zum Produkt sowie der taktilen Exploration zur Beeinträchtigung der wahrgenommenen Greifbarkeit (Orús, Gurrea & Flavián, 2017), welches jedoch ein entscheidendes Kriterium in Bezug auf die Bewertung des Produkts und der Kaufentscheidung darstellt (Overmars & Poels, 2015). Dabei spielt die Produktpräsentation im Zeitalter der technologischen Revolution eine entscheidende Rolle (Kala, 2018). Die Ergebnisse der Studie von Verhagen, Vonkeman und Van Dolen (2016) geben Aufschluss darüber, dass die sensorischen Erlebnisse der Präsentationsformate die taktile Wahrnehmung erhöhen. Darüber hinaus verhelfen diese der Entscheidungsfindung und regen Kaufimpulse an. Mit dem Wachstum der Online-Shopping-Branche steigen auch die impulsiven Online-Käufe, welche durch die Impulskauftendenz einer Person positiv beeinflusst werden (Liao, To, Wong, Palvia & Kakhki, 2016; Lim, Lee & Kim, 2017; Verhagen et al., 2016). Mithilfe moderner Werkzeuge wie der Produktvergrößerung, Produktrotation oder einem Produktvideo, verschaffen haptische und visuelle Elemente dem Kunden eine sensorische Erfahrung (Kala, 2018). Ein bedeutsamer, individueller Differenzfaktor ist das von Peck und Childers (2003a) konzeptualisierte, zweidimensionale Berührungsbedürfnis Need for Touch (NFT). Overmars und Poels (2015) kommen in ihrer Untersuchung zu dem Resultat, dass Individuen mit einem höheren Grad an autotelischen NFT eher von der Art der Produktpräsentation beeinflusst werden, als jene mit instrumentellem NFT.

Das Institut für Handelsforschung ECC Köln (2017) gelangt in ihrer Studie zu dem Ergebnis, dass der Großteil der befragten Onlinehändler Produkte mehrheitlich durch ausführliche Beschreibungen sowie durch Bilder zur Verfügung stellen, wobei die virtuelle Produktinszenierung durch Videos oder 360-Grad-Ansichten vergleichsweise weniger Anwendung findet. Betrachtet man die Produktpräsentationsstimuli als ein relevantes Differenzierungskriterium, ist vor diesem Hintergrund die Untersuchung der optimalen Produktdarbietung sowie die Auswirkungen individueller Berührungsbedürfnisse vor allem für den Online-Handel von hoher Relevanz. Für ein umfassenderes Verständnis untersucht diese Studie die Effekte von Produktpräsentationsformaten auf die Wahrnehmung der Produktgreifbarkeit sowie der Kaufbereitschaft im Onlineshopping-Kontext. Zudem soll aufgezeigt werden, in welchem Ausmaß sich NFT auf die Greifbarkeit auswirkt und welche Zusammenhänge zwischen autotelischen NFT und impulsivem Kaufverhalten vorherrschen.

Die folgende Arbeit gliedert sich in fünf Teile. Zu Beginn wird neben den theoretischen Hintergründen zur Haptik und dem Need for Touch, das Augenmerk auf die Relevanz der Online-Produktpräsentationen und insbesondere die Rolle der visuellen Darstellung dargelegt. Zudem wird die Kaufbereitschaft sowie die Impulskauftendenz innerhalb des Onlineshopping Kontextes beleuchtet. Aus dem aktuellen Forschungsstand wird folglich die Forschungsfrage sowie die Hypothesen abgeleitet. Im darauffolgenden Kapitel wird die Methodik beschrieben, welche das Untersuchungsdesign sowie die statistische Analyse darlegt. Im Kapitel vier werden die Ergebnisse der Studie veranschaulicht, woraufhin diese im letzten Kapitel diskutiert werden. Im Anschluss werden die Limitationen der Studie sowie der Ausblick auf zukünftige Forschung dargelegt.

2 Theoretische Betrachtungen

2.1 Haptik und die Mechanismen sensorischer Verarbeitung

Um ein besseres Verständnis darüber zu erhalten, wie Konsumenten Produkte durch Berührung erkunden und welche Rolle der Tastsinn für das Marketing einnimmt, ist es von hoher Relevanz, das haptische System zu verstehen (Rodrigues, Silva & Duarte, 2017). Der Terminus „Haptik" ist die Lehre vom Tastsinn (Dudenredaktion, o. J.) und beschreibt die Wahrnehmung, die über die Erfassung von Objektmerkmalen wie der Oberflächenstruktur, Größe, Gewicht oder Form entsteht (Sathian, 2016). „The term haptic refers to the system involved in the research and collection of information through the hands. It is composed by the sensorial, motor and cognitive mechanics of the nervous system that connects the hand to the brain" (Rodrigues, Silva & Duarte, 2017, S. 89). Der Tastsinn gehört neben dem visuellen, akustischen, olfaktorischen sowie gustatorischen Sinn zu den klassischen fünf Sinnesmodalitäten (Haus, 2010), wobei sich dieser lange vor allen anderen Sinnessystemen im Mutterleib entwickelt und zugleich der letzte Sinn ist, den man im Alter verliert (Grunwald & Müller, 2017; Kampfer, Ivens & Brem, 2017; Krishna, 2012). Aufgrund der großen Oberfläche gilt die Haut als das größte Organ und ist zugleich unser wichtigstes sensorisches System. Primaten als auch Menschen nutzen ihre Hände nicht nur dafür, Gegenstände zu greifen, sondern auch, um sensorische Informationen zu erhalten (Sathian, 2016). Peck und Childers (2003a, S. 35) beschreiben die Hände als "principal source of input to the touch perceptual system". Die Grundlage für die Verarbeitung im somatosensorischen System bilden neben Muskel- und Sehnenspindel (Grunwald & Beyer, 2001) vornehmlich die Sinnesrezeptoren der Haut, die aus Thermo-, Mechano-, und Nozizeptoren bestehen. Diese Hautrezeptoren reagieren im Gegensatz zu den anderen Sinnen fortwährend auf physikalische Reize wie Vibration oder Druck (Rodrigues, Silva & Duarte, 2017). Beim Tastsinn werden haptisch erfasste somatosensorische Informationen gesammelt, eingeordnet und für die Verarbeitung im visuellen kortikalen Bereich analysiert (Sathian, 2016).

2.2 Sensorisches Marketing in der Onlineumgebung

Sensorisches Marketing ist ein junger Marketingbereich, welcher seit der Wende des 20. Jahrhunderts als Werkzeug in der Absatzförderung fungiert (Géci, Nagyová & Rybanská, 2017) und die Funktion hat, die Sinne des Konsumenten anzusprechen und neben dessen Wahrnehmung das Urteilsvermögen sowie das Verhalten zu beeinflussen (Krishna, 2012). Um das ansteigende wissenschaftliche Interesse zur Multisensorik kritisch zu beleuchten, fassten Kampfer, Ivens und Brem (2017) die bestehenden Forschungsergebnisse zur multisensorischen Innovation der vergangenen 40 Jahre zusammen. Die Analyse zeigt, dass vor allem die visuellen, als auch die akustischen Sinne stark in der Literatur vertreten sind, wogegen der Tastsinn historisch gesehen am wenigsten untersucht wurde. Aufgrund der neuesten Erkenntnisse zeigt sich, dass die Funktionsmechanismen der Berührung sowie die Auswirkungen auf die Kaufentscheidungen ein relevanter Faktor sind und Impulse für weitere Untersuchungen bieten (Kampfer, Ivens & Brem, 2017; Overmars & Poels, 2015).

Im traditionellen Einzelhandel kann ein Produkt mehrere multisensorische Modalitäten gleichzeitig stimulieren, wobei die Wahrnehmung von den visuellen und taktilen Sinneserlebnissen dominiert wird (Balaji, Raghavan & Jha, 2011; Overmars & Poels, 2015). Im Onlinehandel bleibt dem Konsumenten die physische Interaktion mit den Produkten verwehrt, was neben der erschwerten Entscheidungsfindung auch eine negative Auswirkung auf die Kaufabsicht zur Folge hat (Overmars & Poels, 2015; Verhagen et al., 2016). Dabei stellen sensorische Reize beim webbasierten Einkaufen einen relevanten Aspekt dar, welches das Urteilsvermögen und das Verhalten beeinflussen können (Krishna, 2012). Weiter sind diese Reize durch eine effektive Einbeziehung dem Einkaufserlebnis und der Verkaufsförderung dienlich (Rodrigues, Silva & Duarte, 2017; Orús et al., 2017). Petit, Velasco und Spence (2018) machen deutlich, dass die Möglichkeiten einer multisensorischen Interaktion in der virtuellen Einkaufsumgebung noch defizitär sind und gehen der Frage nach, welche Auswirkungen sensorisches Marketing haben kann, wenn eine Interaktion mit der Umwelt nicht stattfinden kann. Dabei stützen sich die Autoren auf Embodied Cognition, eine Theorie in der Kognitionswissenschaft, welche auf folgender Annahme beruht: „All cognitive processes are grounded in bodily states and in the brain's sensory modality-specific processing systems" (Petit, Velasco & Spence, 2018, S. 41). Das Konzept postuliert, dass kognitive Repräsentationen und Prozesse multimodal verkörpert und nicht unabhängig von Motorik und Wahrnehmung betrachtet werden können (Weber, 2017). Im Kontext der Online-Umgebung, in der die Interaktion mit der Umwelt über digitale Schnittstellen stattfindet, führen Niedenthal, Barsalou, Winkielman, Krauth-Gruber und Ric (2005) den Begriff Offline Embodiment auf. Hierbei werden kognitive Aktivitäten weiterhin durch ein modalitätsspezifisches sensorisches System unterstützt, wobei der alleinige Gedanke an das Objekt Zustände verkörpert, als ob dieses tatsächlich da wäre.

Krishna und Schwarz (2014) betonen, dass die mentale Aktivität wesentlich auf der Simulation vormaliger sensorischer Erfahrungen beruht. Petit, Velasco und Spence (2018) erklären das Konzept anhand eines Beispiels und beschreiben, dass einfache Reize aus der Umwelt wie zum Beispiel Chips essen, unterschiedliche Sinne aktivieren. Das Gehirn speichert die multisensorischen Repräsentationen wie das Knirschen der Chips zwischen den Zähnen ab, wonach diese später bei der Betrachtung von Produktbildern von Chips im Onlineshop Wahrnehmungsreaktionen auslösen können. Basso, Petit, Le Bellu, Lahlou, Cancel und Anton (2018) gelangen in ihrer Studie zu dem Ergebnis, dass motorische Areale im Gehirn aktiviert werden, wenn Versuchspersonen die Hand eines anderen beobachten, welche nach Nahrung greift. Die Autoren sind der Überzeugung, dass die Sinne des Konsumenten online angeregt werden können und die Betrachtung von Bildern auf der Website das Bedürfnis nach Berührung kompensieren können.

2.3 Need for Touch

Neben den Aspekten wie der wahrgenommenen Qualität, dem Preis oder dem Markennamen, spielt die Berührung eine fundamentale Rolle in der Kaufentscheidung (Kampfer, Ivens & Brem, 2017; Vieira, 2013). Nuszbaum, Voss, Klauer und Betsch (2010) merken an, dass die Nutzung haptischer Informationen dem Konsumenten als zusätzliche Orientierung dienen, die durch die visuelle Sinneswahrnehmung nicht verfügbar ist. Zudem helfen die haptischen Informationen zur Stärkung des Urteilsvermögens, wenn eine Berührung nicht möglich ist (Keng, Liao & Yang, 2012; Verhagen et al., 2016). Peck und Childers (2003a) sind die Begründer des multidimensionalen Konstrukts Need for Touch und definieren dieses Bedürfnis nach Berührung als „preference for the extraction and utilization of information obtained through the haptic system" (Peck & Childers, 2003a, S. 38). Nach Peck und Childers (2003b) gibt es bedeutende intraindividuelle Unterschiede in Bezug auf die Tendenz und der Menge an Berührungen als Mittel zur Informationsbeschaffung. Auf Grundlage dieser Aspekte beschreiben Rodrigues, Silva und Duarte (2017), dass Verbraucher mit einem hohen NFT-Wert schnellere und in größerem Umfang Informationen aus dem haptischen System erhalten können, als jene mit einem niedrigen NFT. Ein überwiegender Teil des motivierten Handelns, Produkte haptisch zu untersuchen, ist neben einem Zielzustand wie der Problemlösung, auch auf das Herbeiführen von Spaß und Erregung durch sensorische Stimulation ausgerichtet (Keng, Liao & Yang, 2012). Die von Peck und Childers (2003a) konzipierte NFT-Skala beinhaltet die zwei Dimensionen instrumentelles und autotelisches NFT und misst zum einen die Präferenz der zielgerichteten Berührung, und zum anderen die Berührung, die der Freude und dem Genuss dient:

Instrumentelles Need for Touch (I-NFT) stützt sich auf die ergebnisorientierte Erforschung der haptischen Produkteigenschaften, um ein Produkt aufgrund objektiver Informationen zu bewerten (Kampfer, Ivens & Brem, 2017) und spiegelt das Bild des Verbrauchers als „Problemlöser" wider (Peck & Childers, 2003a, 2003b). Ein Individuum, welches sich mit der zielgerichteten Informationssuche befasst, nutzt Produkteigenschaften wie die Textur, Temperatur, Härte oder das Gewicht, um zu einem endgültigen Produkturteil zu gelangen (Workman & Cho, 2013).

Autotelisches Need for Touch bezieht sich auf die Berührung des Produkts als Selbstzweck ohne spezifische Kaufabsicht (Rodrigues, Silva & Duarte, 2017). Diesem Verhalten liegt eine hedonistisch orientierte Reaktion zugrunde, die nach Spaß, sensorischer Stimulierung sowie Vergnügen sucht (Overmars & Poels, 2015). Darüber hinaus betonen Peck und Childers (2003b), dass neben dem hedonischen Aspekt der Faktor des zwanghaften Bedürfnisses, Objekte durch die Berührung zu explorieren, von zentraler Bedeutung ist. Nach San-Martin, González-Benito und Martos-Partal (2017) neigen Individuen mit einem höheren A-NFT mehr zu impulsiven Käufen als jene mit einem niedrigen Wert. Die Autoren betonen zugleich, dass nur vereinzelte Studien auf den Zusammenhang zwischen impulsivem Kauf und NFT deuten und kritisieren die Widersprüchlichkeit der Ergebnisse.

2.3.1 Need for Touch im Onlineshopping-Kontext

Haptisch orientierte Verbraucher haben einen höheren Berührungsdrang vor der Kaufentscheidung und sind eher frustriert, wenn die Möglichkeit einer Berührung verwehrt bleibt. Im Unterschied dazu bewerten weniger haptisch motivierte Verbraucher Produkte eher durch eine visuelle Prüfung (Keng, Liao & Yang, 2012; Peck & Childers, 2003a; San-Martin et al., 2017). Bedingt durch die Präferenz für reale Produkte gegenüber Beschreibungen (Manzano, Ferrán, Gavilan, Avello & Abril, 2016) sowie den Mangel an taktilen Stimuli (Rodrigues, Silva & Duarte, 2017; Workman & Cho, 2013), tätigen Konsumenten mit einem hohen NFT weniger Onlinekäufe im Vergleich zu jenen mit einem niedrigen NFT. Durch die Bereitstellung von Bildern oder haptischen Hinweisen zu den Eigenschaften eines Produktes kann diese Diskrepanz jedoch verringert werden (Manzano et al., 2016). Wie bereits in Kapitel 2.2 erwähnt, können Individuen auch in Absenz von realen Reizen auf bereits vorhandene Repräsentationen in ihrem Gedächtnis zurückgreifen, weshalb die Berührung nicht unbedingt notwendig ist, um sensorische Informationen zu erhalten (Choi & Taylor, 2014). Petit, Velasco und Spence (2018) merken an, dass trotz der Tatsache, dass Produkte online nicht berührt werden können, Verbraucher mit diesen durch die Nutzung von Touchscreens oder einer Computermaus haptisch interagieren. Die Autoren führen zudem auf, dass diese Schnittstellen für Individuen mit einem hohen NFT als Kompensierungsmöglichkeit fungieren können.

Nach Krishna und Schwarz (2014) können Onlineshop-Händler durch die Nutzung von dynamischen Produktbildern dem Konsumenten dazu verhelfen, eine Interaktion mit dem Artikel mental nachzustellen. Petit, Velasco und Spence (2018) sind der Auffassung, dass es Unterschiede in der Darstellung haptischer Dimensionen von Produkten gibt und diese, je nach Materialeigenschaft, simpler oder komplexer zu simulieren sind. Für Produkte mit geometrischen Eigenschaften wie einem Smartphone genügt eine Darstellung in Form von Bildern oder Produktbeschreibungen, während ein Artikel wie ein Pullover womöglich eher berührt werden muss, um bewertet zu werden. Zur vergleichbaren Einschätzung kommen auch Rodrigues, Silva und Duarte (2017) und halten fest, dass die Präferenz für Produkte mit geometrischen Eigenschaften wie Bücher oder Computer, verglichen zu Produkten mit materiellen Eigenschaften wie Kleidung, beim Online-Shopping besonders hoch ist. Choi und Taylor (2014) untersuchten in ihrer Studie die Auswirkungen von 3D-Werbung, wobei zwei Produkte mit unterschiedlichen haptischen Merkmalen im Fokus standen: eine Uhr mit geometrischen und eine Jacke mit materiellen Eigenschaften. Die Ergebnisse zeigen, dass 3D-Produktbilder von der Uhr mentale Bilder stimulieren können und bei Individuen mit einem hohen als auch einem niedrigen NFT eine höhere Überzeugungskraft gegenüber statischen Bildern haben. Verglichen dazu zeigt sich der positive Effekt zu den 3D-Bildern von der Jacke nur bei Individuen mit einem niedrigen NFT. Jai, O'Boyle und Fang (2014) kamen in ihrer Studie zu einem abweichenden Ergebnis und stellten fest, dass 3D-Bilder zwar mehr visuelle Informationen bieten, jedoch nicht die mentale Vorstellung einer Greifbewegung im motorischen Kortex stimulieren.

2.4 Intangibility

Der Terminus *Intangibility*, dessen Ursprung auf das mittellateinische Wort intangibilis zurückgeht (Merriam-Webster's online dictionary, 2019), findet im deutschsprachigen Raum nur vereinzelt im wirtschaftlichen Kontext Gebrauch, wonach der Anglizismus zur Leseerleichterung in dieser Arbeit beibehalten wird. Mazaheri, Richard, Laroche und Ueltschy (2014) definieren Intangibility als etwas nicht

Greifbares, was weder gehört, gerochen oder gesehen werden kann und unfähig ist, vom Tastsinn wahrgenommen zu werden. In den 90er Jahren wurde Intangibility in der Literatur als ein zweidimensionales Konstrukt definiert, bestehend aus den korrelierenden, jedoch unterschiedlichen Dimensionen Physical Intangibility und Generality (Laroche, Bergeron & Goutaland, 2001). Die Autoren analysierten das Konstrukt und vertraten die Meinung, dass Intangibility für jedes Individuum eine unterschiedliche Bedeutung hat und die Messung von Intangibility subjektspezifisch ist. Ausgehend von dieser Überzeugung untersuchten Laroche et al. (2001) mithilfe eines Strukturgleichungsmodells die multidimensionale Struktur von Intangibility und kamen zu dem Ergebnis, dass das Konstrukt durch die drei Elemente Physical Intangibility, Generality und Mental Intangibility determiniert ist, welche im Folgenden erläutert werden:

- Physical Intangibility ist mit physischer Unzugänglichkeit für die Sinne gleichzusetzen und stellt den Grad dar, in dem ein Produkt nicht berührt oder gesehen werden kann und keine physische Präsenz aufweist. Die Eigenschaften von Waren sind eher mental als physisch mit dem Produkt verbunden. Während materielle Eigenschaften wie die Farbe unmittelbar wahrgenommen werden, bringen immaterielle Merkmale eine mentale Konstruktion zum Ausdruck, welche auf den Produktinformationen basiert. Die Unterschiede sind jedoch nur unter bestimmten Gesichtspunkten zutreffend, da sensorische Erfahrungen mentale Leistung erfordern und jede mentale Konstruktion von dieser Erfahrung abhängig ist.

- Generality beschreibt die Allgemeingültigkeit bzw. Spezifität und bezieht sich auf die Fähigkeit des Konsumenten, bestimmte Attribute des Produkts als allgemein oder spezifisch wahrzunehmen. Produkte werden als allgemein wahrgenommen, wenn sich der Konsument nicht auf bestimmte Merkmale beziehen kann (z. B. Vorstellung eines Laptops als ein komplexes Endgerät). Erzeugt ein Produkt jedoch eine klare Definition und Funktionalität im Bewusstsein des Verbrauchers (z. B. Vorstellung eines Laptops als ein Gerät, welches über einen Hochleistungsprozessor mit integrierter Grafikeinheit und 8 GB großen Arbeitsspeicher verfügt, sowie unterschiedliche Office-, und Multimedia-Anwendungen bietet), handelt es sich um eine spezifische Wahrnehmung.

- Mental Intangibility erweist sich als wichtigstes Element in dem Konstrukt, wobei es sich auf die Leichtigkeit bezieht, mit der ein Produkt kognitiv verstanden werden kann. Zugleich spiegelt Mental Intangibility die Tatsache wider, dass physische Greifbarkeit nicht immer eine eindeutige, mental greifbare Repräsentation eines Gegenstands gewährleistet. Vor allem bei neuen Produkten, die auf neuartigen Technologien basieren, kann die Mental Intangibility hohe Werte aufzeigen, da dem Konsumenten das Vorwissen zu dem Produkt fehlt. So wird beispielsweise ein Automotor bei den meisten Verbrauchern als mental unzulänglich gesehen, vor allem bei denjenigen, die nicht genügend Kenntnisse in diesem Bereich haben.

Das Konstrukt Intangibility wird weitestgehend im Dienstleistungsmarketing genutzt, um die Unzulänglichkeit von Dienstleistungen zu beschreiben (Valtakoski, 2015). Zugleich betont der Autor, dass Intangibility auf allen Arten von Angeboten angewandt werden kann. Insbesondere beim Onlineshopping sind Konsumenten mit der Intangibility konfrontiert, was das empfunden Risiko sowie die Unsicherheit fördert, wenn das Produkt weder anprobiert noch physisch untersucht werden kann (Jai, O'Boyle & Fang, 2014; Laroche, Bergeron & Goutaland, 2003; San-Martin et al., 2017, Verhagen et al., 2016). Laroche et al. (2001) heben hervor, dass Intangibility eine Schlüsselphase im Kaufprozess darstellt und im Wesentlichen mit der Entscheidungsfindung zusammenhängt. Nach Nepomuceno, Laroche und Richard (2014) hat die Unzulänglichkeit des Online-Handels, basierend auf dem Faktum, dass eine Website nur den visuellen und akustischen Sinn anspricht, zwei Auswirkungen auf die Intangibility: zum einen fördert es die Intangibility von physisch greifbaren Produkten. Zum anderen werden Produkte im Onlinesetting im Vergleich zum traditionellen Handel trotz der Bereitstellung von Informationen als ungreifbarer wahrgenommen. Nach Verhagen et al. (2016) können jedoch umfassende und interaktive Produktpräsentationen dazu beitragen, dem Konsumenten neben den nötigen Informationen die Funktionalitäten des Produkts nahezubringen. Das ist insofern relevant, als dass es zum einen dem Verbraucher dazu verhilft, klare, mentale Bilder des Produkts zu erzeugen und zum anderen, um ein Gefühl für die spezifischen Eigenschaften des Produkts zu erhalten. Verhagen et al. (2016) beschreiben, dass unterschiedliche Online-Produktpräsentationsformate die Wahrnehmung eines Produkts in unterschiedlichen Maßen beeinflussen und dazu verhelfen können, dieses greifbarer erscheinen zu lassen. Darüber hinaus zeigen die Ergebnisse von Verhagen, Vonkeman, Feldberg und Verhagen (2014), dass

Produkte als präsent wahrgenommen werden, wenn diese durch Präsentationsformate wie einem virtuellen Spiegel oder 360-Grad-Rotation präsentiert werden.

2.5 Online Produktpräsentationsformate

Die fehlende physische Interaktion zum Produkt ist charakteristisch für das virtuelle Einkaufsumfeld und ist durch begrenzte visuelle Modalitäten wie Produktbilder oder -videos gekennzeichnet (Hewawalpita & Perera, 2017). Infolge dieser Einschränkung nehmen Konsumenten bei der Kaufentscheidung im Onlinehandel ein höheres Risiko wahr (Jai, O'Boyle & Fang, 2014; Nepumoceno, Laroche & Richard, 2014) und zeigen im Vergleich zum traditionellen Einkaufsumfeld ein schwächeres Kaufverhalten auf (Hewawalpita & Perera, 2017). Auch die Intangibility gilt als eine der wesentlichen Ursachen für ein erhöht wahrgenommenes Risiko bei der Bewertung vor dem Kauf (Laroche, Yang, McDougall & Bergeron, 2005). Verhagen et al. (2016) vertreten die Position „as tangibility seems to be able to influece risks/costs and (...) also provides benefits associated with online buying, (...) tangibility does play a substantial role in the online consumer decision making process" (S. 463). Yoo und Kim (2014) betonen die Relevanz von Online-Produktpräsentationen, welche eine affektive und kognitive Reaktion hervorruft und sich demnach auf das Einkaufserlebnis sowie den Entscheidungsprozess auswirkt. Nach Krishna und Schwarz (2014) sollten Vermarkter die Modalitäten, wie das Produkt präsentiert wird, verändern. Die Autoren argumentieren damit, dass eine dynamische Produktpräsentation, im Vergleich zur statischen, dem Verbraucher dabei verhilft, eine Interaktion mit dem Produkt mental zu stimulieren. Kala und Chaubey (2019) beschreiben Produktpräsentationen als eine der wichtigsten Determinanten für das Kaufverhalten und stellen zugleich eine wirksame Strategie zur Reduzierung wahrgenommener Risiken dar (Jai, O'Boyle & Fang, 2014). Roggeveen, Grewal, Townsend und Krishnan (2015) konnten in ihrer Studie darlegen, dass die Zahlungsbereitschaft steigt, wenn das Produkt in einem dynamischen Produktpräsentationsformat erscheint. Zudem merken Jai, O'Boyle und Fang (2014) an, dass der Einsatz von modernen Visualisierungstools im wettbewerbsintensiven Markt nicht nur die Website-Leistung fördert, sondern auch entscheidend für ein vom Erfolg gekröntes Online-Geschäft ist. Nach Orús et al. (2017) ist ein bestimmter Grad an Einbildungsvermögen ein bedeutsamer Faktor für die Kaufentscheidung, wenn Berührung nicht möglich ist. „On the internet, consumers need to easily imagine how the product would be and perform in order to create an accurate impression and consider its purchase" (Orús et al., 2017, S. 662). Um den Verbrauchern ein besseres sensorisches Erlebnis zu bieten, setzen E-Commerce-Akteure wie die Hersteller oder E-Händler auf innovative Visualisierungstools, um die Produkte im Onlineumfeld möglichst realitätsnah darzustellen (Hewawalpita & Perera, 2017). Nach Jiang und Benbasat (2007) können interaktive Technologien dazu beitragen, dem Konsumenten das Produkt naturalistisch nahe zu bringen, sodass dieser analog zum stationären Handel, die Ware fühlen, berühren und ausprobieren kann.

Der Einsatz von Präsentationsformaten mit sensorischen Produktvisualisierungstechniken wie mehrere Zoomstufen, 360-Grad-Rotation und alternative Ansichten vermitteln dem Konsumenten ein analoges Tastgefühl und bringen das Produkterlebnis näher an die Realität (Jai, O'Boyle & Fang, 2014; Jiang & Benbasat, 2007; Overmars & Poels, 2015; Verhagen et al., 2016). Insbesondere Produktvideos weisen durch ihre audiovisuellen Inhalte eine gewisse Interaktivität auf (Orús et al., 2017) und erregen durch ihre dynamische und lebhafte Darstellung mehr Aufmerksamkeit, was zur Verbesserung der Wahrnehmung beiträgt (Xu, Chen & Santhanam, 2015). Orús et al. (2017) stützen sich auf die Ergebnisse mehrere experimenteller sowie umfragebasierter Studien und führen auf, dass Produktvideos zum einen verbesserte kognitive Reaktionsleistungen hervorrufen. Zum anderen wird auch die Vorstellungskraft zu dem Produkt verstärkt, welches einen entscheidenden Faktor für oder gegen den Kauf darstellt. Nach Hewawalpita und Perera (2017) generieren 360-Grad-Präsentationsformate im Vergleich zu statischen Bildern mehr positive Effekte auf die Einkaufserfahrung sowie die Kaufabsicht. Verbraucher messen einem Produkt, welches in der 360-Grad-Ansicht dargeboten wird, einen höheren Wert bei und sind eher bereit, das Produkt zu kaufen. Jai, O'Boyle und Fang (2014) untersuchten in ihrer Studie mithilfe der funktionellen Magnetresonanztomographie (fMRT), ob sensorische Darbietungen wie die Zoomfunktion und rotierende Videos unterschiedliche kognitive und affektive Hirnfunktionen in Entscheidungsprozessen bewirken. Die Ergebnisse geben darüber Aufschluss, dass die Zoomansicht vermehrt die visuelle Wahrnehmung hervorruft, das Videoformat hingegen eher mentale Bilder erzeugt. Zudem deuten die Ergebnisse darauf hin, dass rotierende Videos während des Entscheidungsprozesses den motorischen Kortex aktivieren und somit einen besseren taktilen Sinneseindruck durch das geistige Auge vermitteln (Jai, O'Boyle & Fang, 2014). Die Analyse bestätigt die Auffassung von Orús et al. (2017), dass webbasierte Produktpräsentationsvideos über ein gewisses Maß an Interaktivität verfügen und die Fähigkeit besitzen, das Produkt lebhafter erscheinen zu lassen. Zugleich liefern interaktive Produktpräsentationsmodi wichtige Informationen zu den Eigenschaften des Produkts

(Verhagen et al., 2016) und verhelfen dem Konsumenten dabei, sich die Verwendung des Produkts besser vorstellen zu können (Roggeveen et al., 2015). Obwohl sich mehrere Studien hauptsächlich mit der Interaktivität und Plastizität von Online-Produktpräsentationsformaten sowie dessen Effekte auf die Entscheidungsfindung befasst haben, blieb der fundamentale Aspekt der wahrgenommenen Greifbarkeit ungeprüft (Verhagen et al., 2016). Die Autoren gingen diesem Forschungsdefizit nach und befassten sich in ihrer Untersuchung mit dem Testen eines Modells, welches das dreidimensionale Konzept der Intangibility und unterschiedlichen Online-Produktpräsentationsformaten in Beziehung setzt. Verhagen et al. (2016) legen dar, dass die wahrgenommene Greifbarkeit eines Produkts durch die Online-Produktpräsentationsformate erleichtert wird. Die Ergebnisse ihrer Studie zeigen signifikante Unterschiede in der physischen sowie mentalen Greifbarkeit zwischen den Produktpräsentationsformaten (statische Bilder vs. 360-Grad-Rotation vs. Virtueller Spiegel), wobei das interaktive Format Virtueller Spiegel in beiden Bereichen die höchsten Werte in der Greifbarkeit aufweist. Nach Verhagen et al. (2014) wird die Kaufabsicht des Konsumenten von der wahrgenommenen Greifbarkeit des Produkts positiv beeinflusst.

2.6 Impulsives Kaufverhalten im Onlinekontext

Das Kaufen von Produkten stellt eine Routineaufgabe dar, die zum alltäglichen Leben gehört (Billieux, Rochar, Rebetez & Van der Linden, 2008). Im Gegensatz zum Homo oeconomicus, ein von wirtschaftlicher Zweckmäßigkeit geleiteter Mensch, handeln die meisten Verbraucher jedoch weniger rational (Verplanken & Herabadi, 2001). Vielmehr neigen stark impulsive Käufer zu unreflektierten Überlegungen (Rook & Fisher, 1995) und scheinen beim Kauf von Begehren sowie dem Gefühl von Vergnügen und Aufregung getrieben zu werden, was sie zu Impulskäufen verleitet (Billieux, Rochar, Rebetez & Van der Linden, 2008; Chen & Wang, 2016; Verplanken & Herabadi, 2001). „Impulse buying disrupts consumers' normal decision making models because the buying logical sequence of the consumers' actions is replaced with an irrational moment of self-gratification and impulse items more appeal to the emotional side of consumers" (Lim, Lee & Kim, 2017, S. 85). In der Literatur wird Impulsives Kaufverhalten als ein trait, eine inhärente Persönlichkeitseigenschaft beschrieben, welche durch die Neigung eines Individuums zu ungeplanten und unüberlegten Käufen determiniert ist. Es beinhaltet zugleich den Kaufdrang, welcher als spontan und unwiderstehlich erlebt wird (Beatty & Ferrell, 1998; Liao et al., 2016; San-Martin et al., 2017; Vonkeman, Verhagen & Van Dolen, 2017; Zhang,

Prybutok & Strutton, 2007). Vonkeman et al. (2017) merken an, dass die Definition vom impulsiven Kaufverhalten sowohl für den Offline-, als auch für den Online-Kontext gleichgesetzt werden kann. Lim, Lee und Kim (2017) weisen darauf hin, dass ein impulsiver Onlinekauf differenziert betrachtet werden muss und beschreiben hierfür drei Konzepte: Kaufimpulsivität, Impulsiver Kaufdrang und Impulsives Kaufverhalten. Die *Kaufimpulsivität* bezieht sich auf das Individuum und seiner Neigung nach spontanen Käufen, welches mit wenig Überlegung auf den empfunden Kaufdrang reagiert (Liao et al., 2016). Der *Impulsive Kaufdrang* ist von spontaner und plötzlicher Natur und wird von Beatty und Ferrell (1988, S. 172) wie folgt beschrieben: „felt urge to buy impulsively is a state of desire that is experienced upon encountering an object in the environment. It clearly precedes the actual impulse action". *Impulsives Kaufverhalten* beschreibt einen ungeplanten Kauf mit der Einwirkung eines Stimulus, ohne vorheriger Kaufabsicht (Lim, Lee & Kim, 2017; Vonkeman et al., 2017). Aufgrund der steigenden Impulskäufe im Onlinehandel sowie der Tatsache, dass Online-Shopper mehr impulsive Käufe tätigen als Offline-Shopper, ist das Verständnis dieses Verhaltens vor allem für die E-Commerce Branche von entscheidender Bedeutung (Liao et al., 2016; Lim, Lee & Kim, 2017). Nach Liao et al. (2016) beeinflusst zudem die Impulskauftendenz eines Individuums das Onlinekaufverhalten positiv. Etwa 40% der Onlinekäufe sind impulsiver Natur, ausgelöst durch die permanente Zugangsmöglichkeit zu Produkten sowie der erfahrenen Bequemlichkeit beim Einkaufen (Verhagen & Van Dolen, 2011). Das führt zu beschleunigten Kaufentscheidungsprozeesen, da bei der Bewertung eines Produktes Faktoren wie das Berühren oder Probieren keine relevante Stelle einnehmen (San-Martin et al., 2017). Da Impulskäufe spontaner Natur sind, wird es in Zusammenhang mit autotelischem NFT gebracht, da diese Ausprägung ebenfalls durch nicht vorhandene Kaufziele gekennzeichnet ist und Konsumenten somit empfänglicher für unerwartete Käufe macht (Vieira, 2013). So konnten Peck und Childers (2006) in ihrer Studie feststellen, dass Individuen mit höheren A- NFT-Ausprägungen stärker zu Impulskäufen geneigt sind als diejenigen mit niedrigem A-NFT. Zum ähnlichen Resultat kommt Vieira (2013) und zeigt zudem auf, dass Kaufimpulsivität keinen Einfluss das I-NFT hat.

Basierend auf der veröffentlichten Literatur gewinnt impulsives Kaufverhalten im Onlineshopping-Kontext zunehmend an Interesse und regt die Forschungsaktivität an (Zhang, Xu, Zhao & Yu, 2018). Zugleich betonen Lim, Lee und Kim (2017), dass trotz mehrerer Studien in diesem Gebiet noch kein theoretisches Modell etabliert werden konnte. Da aktivierende Reize wie das Produkt selbst (Vonkeman et al.,

2017) oder externe Stimuli (Wu, Chen & Chiu, 2016) zu spontanen Käufen verleiten, liegt der Forschungsfokus primär auf dem Einfluss spezifischer Reize wie der Websitegestaltung, Preisattributen und Marketingstrategien (Lim, Lee & Kim, 2017; Zhang, Xu, Zhao & Yu, 2018). Vonkeman et al. (2017) untersuchten dagegen in ihrer Studie, inwieweit sich die Wahrnehmung unterschiedlicher Produktpräsentationsformate auf das impulsive Onlinekaufverhalten auswirkt. Die Resultate belegen, dass Produkte, welche lebhaft und interaktiv dargestellt werden, zum einen emotionale Zustände beeinflussen können und zum anderen zu höheren Kaufimpulsen führen können. Liao et al. (2016) sind der Auffassung, dass impulsive Käufe eine emotionale Entscheidung sind und untersuchen die Wirkung von Reizdarbietungen wie die virtuelle Produktpräsentation oder des Produkttypes auf den emotionalen Zustand als auch den Drang, spontan zu kaufen. Die Ergebnisse zeigen, dass hedonische Produkte wie Schmuck oder Modeartikel eher zu impulsiven Käufen verleiten, als Produkte mit utilitaristischen Attributen (z. B. ein Computer oder ein Fahrzeug).

2.7 Stand der Forschung

Mit dem technologischen Fortschritt und dem einhergehenden Wachstum der Online-Shopping Branche, finden sich auch vermehrt Forschungsarbeiten in diesem Bereich. Es wurde argumentiert, dass dynamische Online-Präsentationsformate wie Produktvideos eine höhere Lebendigkeit vermitteln und realistische Vorstellungen wecken (Orús et al., 2017). Verhagen et al. (2016) berücksichtigen in ihren Untersuchungen zu Online-Produktpräsentationsformaten das dreidimensionale Konzept der Intangibility von Laroche et al. (2001) und testeten, inwieweit diese die wahrgenommene Beurteilung, als auch die Kaufabsicht beeinflussen. Die Resultate belegen, dass interaktive Präsentationsformate das Gefühl der Greifbarkeit am besten vermittelt, gefolgt vom 360-Rotationsformat und statischen Bildern. Zudem betonen Verhagen et al. (2014), dass die wahrgenommene Greifbarkeit die Bereitschaft zum Kauf beeinflussen kann. Zu einer vergleichbaren Einschätzung gelangen Orús et al. (2017) in ihrer Studie, indem sie die Auswirkungen von Produktvideos auf die Leichtigkeit der Vorstellungskraft des Verbrauchers untersucht haben. Die Ergebnisse verdeutlichen, dass ein Produktpräsentationsvideo kognitive Reaktionen beschleunigt, die Vorstellungskraft über ein Produkt anregt sowie folglich einen bestimmenden Faktor für die Kaufsicht darstellt. In Einklang dazu beschreiben Kala und Chaubey (2019), dass Produktvideos im Vergleich zu statischen Bildern die Kaufabsicht im E-Commerce fördern. Vonkeman et al. (2017) postulieren, dass sich dynamische Präsentationsformate zudem auf das impulsive Kaufverhalten auswirken. Auch das Bedürfnis des Konsumenten, Produkte vor dem Kauf zu berühren, hat einen potenziellen Einfluss auf die Kaufabsicht (Overmars & Poels, 2015; Verhagen et al., 2016). Nach Orús et al. (2017) besitzen Produktvideos ein bestimmtes Maß an Interaktivität. So zeigen die Resultate ihrer Studie, dass Personen mit einem hohen A-NFT vermehrt auf die Folgen einer interaktiven Schnittstelle reagieren. Auch die Ergebnisse Overmars und Poels (2015) zeigen, dass statische und interaktive Präsentationsformate unterschiedliche Berührungssensationen erzeugen und interaktive Formate mehr positive emotionale Reaktionen generieren. Auch hier konnten die Autorinnen feststellen, dass insbesondere Individuen mit einem hohen A-NFT mehr auf interaktive Formate reagieren. Ein höherer Faktor des A-NFT wird zudem in Zusammenhang mit Impulskäufen gebracht, während diese Beziehung mit I-NFT nicht vorhanden ist (Peck & Childers, 2006; Vieira, 2012).

2.8 Forschungsfrage und Hypothesen

Basierend auf dem Stand der Forschung hat diese Arbeit zum Ziel, die Auswirkungen unterschiedlicher Produktpräsentationsformate auf die wahrgenommene mentale und physische Greifbarkeit des Produkts, sowie auf die Kaufbereitschaft zu betrachten. Des Weiteren wird untersucht, inwieweit sich das Berührungsbedürfnis Need for Touch auf die wahrgenommene Greifbarkeit auswirkt und welcher Zusammenhang zwischen autotelischem NFT und der Impulskauftendenz vorherrscht.

Für ein besseres Verständnis sowie zur Erleichterung der Interpretation von Ergebnissen wird im Weiteren anstelle des Begriffs Intangibility das Antonym Tangibility (zu Deutsch: Greifbarkeit) verwendet (Mazaheri, Richard, Laroche & Ueltschy, 2014; Verhagen et al., 2016). Im Folgenden werden die Hypothesen für diese Untersuchung zugrunde gelegt, wobei für die Prüfung der statistischen Signifikanz die Prämisse für alle Hypothesen bei Alpha = .05 liegt.

- H1: Je höher das A-NFT, desto geringer sind die Werte der mentalen Greifbarkeit.
- H2: Je höher das A-NFT, desto geringer sind die Werte der physischen Greifbarkeit.
- H3: Je höher die wahrgenommene Greifbarkeit, desto höher ist die Kaufbereitschaft.

- H4: Je höher das A-NFT, desto höher ist das impulsive Kaufverhalten.
- H5: Individuen, die ein Produktvideo gesehen haben, zeigen höhere Werte in der Kaufbereitschaft für das Produkt auf als jene, die Bilder gesehen haben.

Hypothesen zur Mentalen Greifbarkeit:

- H6a: Es gibt einen Unterschied in den Populationsmittelwerten der PPF (Video vs. Bilder).
- H6b: Es gibt einen Unterschied in den Populationsmittelwerten des A-NFT (hoch vs. niedrig).
- H6c: Es besteht eine Interaktion zwischen den Faktoren A (PPF) und B (A-NFT).
- Hypothesen zur Physischen Greifbarkeit:
- H7a: Es gibt einen Unterschied in den Populationsmittelwerten der PPF (Video vs. Bilder).
- H7b: Es gibt einen Unterschied in den Populationsmittelwerten des A-NFT (hoch vs. niedrig).
- H7c: Es besteht eine Interaktion zwischen den Faktoren A (PPF) und B (A-NFT).

3 Methode

3.1 Forschungsdesign

Für die Beantwortung der Forschungsfrage wurde in dieser Studie eine experimentelle Untersuchung mit unabhängigen Gruppen (Between-Subjects-Design) durchgeführt. Da der externen Validität im Experiment keine hochrangige Bedeutung beigemessen wird (Seldmeier & Renkewitz, 2016), wurde hier eine Gelegenheitsstichprobe ausgewählt, die nicht mit einer ausgearbeiteten Stichprobenplanung einhergeht. In dieser Untersuchung handelt es sich um eine Querschnittsstudie, die webbasiert durchgeführt wurde. Diese Methodik ist in der Literatur für Marketing weit verbreitet (Orús et al., 2017) und ermöglicht die Erforschung der Kausalzusammenhänge zwischen den Variablen (Sedlmeier & Renkewitz, 2016). Das Internet-Experiment bietet nach Huber (2013) gegenüber dem Laborexperiment folgende Vorteile: (1) Die Störvariable des Rosenthal-Effekts wird aufgrund der Abstinenz des Versuchsleiters im Onlinekontext neutralisiert, (2) der Ablauf erfolgt standardisiert, (3) es können mehr Teilnehmer mit weniger Aufwand generiert werden, (4) den Versuchspersonen steht es offen, einen passenden Zeitpunkt zur Durchführung des Tests auszusuchen. Ein entscheidender Nachteil des Internet-Experiments ist die Tatsache, dass potenzielle Störvariablen nicht vom Versuchsleiter kontrolliert werden können und somit die interne Validität beeinträchtigt werden könnte (Huber, 2013). Zu den Störfaktoren zählen u. a., dass die Versuchsperson von externen Einflüssen wie TV oder Smartphone beeinflusst werden können. Zudem stellt der Zustand der Person sowie der Zeitpunkt und -ort, an dem der Test durchgeführt wird, einen relevanten Faktor dar.

Da sich in den experimentellen Bedingungen des Between-Subjects-Designs unterschiedliche Individuen befinden, ist die Kontrolle der Störvariablen durch Randomisierung eine wichtige Voraussetzung (Sedlmeier & Renkewitz, 2016). Um die interne Validität des Experiments zu erhöhen, wurden Vorkehrungen getroffen, die dazu dienen, die personengebundenen Störvariablen zu kontrollieren und Variablenkonfundierungen zu vermeiden. Hierzu diente eine Randomisierungs-Einstellung im Online-Fragebogen, die eine zufällige Einteilung der Versuchspersonen in die jeweilige Versuchsbedingung vornimmt. Da bei einem Experiment nicht alle Störvariablen bedacht werden können, kann bei einer großen Stichprobe davon ausgegangen werden, dass sich die Störvariablen im Gleichgewicht halten und die Randomisierung somit eine effektive Kontrolle darstellt (Sedlmeier & Renkewitz, 2016).

3.2 Messinstrumente

Für diese Studie wurden drei parametrische Fragebögen herangezogen, die bereits in früheren Untersuchungen validiert wurden (siehe Anhang A). Für die Messung des Need for Touch Konstrukts wurde die deutsche Version der NFT-Skala von Nuszbaum, Voss, Klauer und Betsch (2010) herangezogen, welche die Motivation zur Nutzung haptischer Informationen zur Entscheidungsfindung erfasst. Der Fragebogen besteht aus zwei Teilskalen und umfasst insgesamt 12 Items, welche die beiden Dimensionen A-NFT (Beispielitem: „Es macht Spaß, alle möglichen Artikel anzufassen"), als auch das I-NFT („Ich vertraue stärker auf Artikel, die man vor dem Kauf anfassen kann") erfasst. Das Antwortformat stützt sich auf einer sieben-stufigen Skala ohne Zwischenausprägungen, welche durch die beiden Pole *stimmt überhaupt nicht* bis *stimmt völlig* gekennzeichnet ist. Die NFT-Skala erweist sich als robuste zwei-Faktoren Dimensionalität und zeigt für beide Subskalen eine solide interne Konsistenz auf (Cronbachs Alpha zwischen α .89 und .93). Die Kennwerte zur Konstruktvalidität liegen bei $r = .66$, $p < .001$ (Nuszbaum, Voss & Klauer, 2013).

Die Buying Impulsiveness Scale beruht auf der Arbeit von Rook und Fisher (1995), welche auch in der heutigen Literatur rege Anwendung findet (Liao et al., 2016). Die neun Items („I often buy things spontaneously") werden auf einer fünf-stufigen Skala abgefragt und erreichen eine gute interne Konsistenz (Cronbachs Alpha α .88). In Anlehnung an die Vorgehensweise von Verhagen et al. (2016), wird für die Messung des Konstrukts Intangibility die Skala von Laroche et al. (2001) herangezogen. Insgesamt umfasst der Fragebogen 12 Fragen, bestehend aus drei Teilskalen *Mental Intangibility* („I have a clear picture of this item"), *Physical Intangibility* („I can physically grasp this item") sowie *Generality* („I feel this item is 1 = very general to 9 = very specific"). Die Reliabilitätskennwerte erreichen ein gutes Niveau (Cronbachs Alpha zwischen α .61 und .86). Aufgrund der abstrakten Formulierung der Items von Generality sowie der daraus folgenden Übersetzungsschwierigkeiten, die ebenfalls zu Verständnisproblemen bei den Probanden führen könnten, fanden diese keine Anwendung für diese Studie. Schließlich wurde die Kaufbereitschaft anhand der Arbeit von Orús et al. (2017) gemessen, welche eine sieben-stufige Skala mit den Dimensionen *sehr unwahrscheinlich* bis *sehr wahrscheinlich* aufweist.

Da für alle Fragebögen, mit Ausnahme des NFT-Fragebogens, keine deutschsprachigen Versionen existieren, wurde eine Adaption der vorhandenen Messinstrumente vorgenommen. Die Übersetzung der Skalen stützt sich in Anlehnung an den Kriterien von Kallus (2016). Hierbei wurde der Orientierung entlang des Originalfragebogens sowie einer korrekten Reihenfolge der Items ein hoher Stellenwert beigemessen. Für die Gewährleistung der Qualität der Fragen erfolgte nach einer Übersetzung vom Englischen ins Deutsche eine Rückübersetzung durch eine unabhängige Person. Wie bereits vorher erwähnt, fand die Teilskala Generality mit drei Items innerhalb des Intangibility-Konstrukts keine Anwendung, da aufgrund der Abstraktheit der Fragen keine adäquate Interpretation vorgenommen werden konnte.

3.3 Stichprobe und Untersuchungsverfahren

Aufgrund der willkürlichen Auswahl wurde für diese Studie eine nicht-probabilistische Stichprobe gewählt (Döring & Bortz, 2016). Die Gelegenheitsstichprobe rekrutierte sich neben Social Media Plattformen und des internen Hochschulnetzwerks der FOM über das berufliche sowie persönliche Umfeld der Verfasserin. Um mögliche Störvariablen zu eliminieren, beschränkte sich die Auswahl der Kommilitonen auf jene, die keinen psychologischen Studiengang belegen. Um die Motivation an der Teilnahme zu steigern, wurde mit der Angabe über einen Gewinn eines 15-Euro Amazon-Gutscheins geworben. Zur Durchführung des Experiments wurde ein Online-Fragebogen mithilfe der Plattform SoSci Survey[1] erstellt, welche die Möglichkeit bietet, Mediamaterial wie Bilder oder Videos in den Fragebogen zu implementieren. Um die Teilnehmer zufällig in die Experimentalgruppen zuzuweisen, wurde eine Randomisierung programmiert, welche die Stimuli zufallsbedingt variierte. Eine Variablenübersicht sowie die Kodierung der Variablen innerhalb des Sosci Survey Fragebogens können dem Anhang B entnommen werden.

Die Produktpräsentationsformate (Unabhängige Variable), welche im Onlinefragebogen implementiert wurden, bestehen aus einem Produktvideo und einer Bilderreihe unterschiedlichen Perspektivaufnahmen zu einem Produkt. Bei dem dargebotenen Produkt handelt es sich in dieser Studie um einen Ledergeldbeutel „The Flap Boy" der Marke Jaimie Jacobs. Aus Gründen der Ökonomie sowie zur Vermeidung verzerrender Effekte durch die Einwirkung unterschiedlicher Geldbeutelmodelle, wurde die Anzahl auf ein Produkt beschränkt. Die Wahl dieser Produktkategorie basiert auf mehreren Überlegungen. Nach Liao et al. (2016) sind Produkte wie Kleidung oder Luxusartikel hedonischer Natur und bieten dem Konsumenten ein sensorisches Erlebnis, welches durch Genuss und Spaß geprägt ist. Im Gegenzug dazu führen die Autoren einen Computer oder eine Mikrowelle als utilitaris-

---

[1] www.soscisurvey.de

tische Produkte auf, welche einem bestimmten Zweck dienlich sind und deren Konsum kognitiv gesteuert wird. Da die Berührung im Fokus dieser Arbeit steht, war es ein notwendiges Kriterium ein Produkt mit Materialeigenschaften auszuwählen. Obwohl statische Bilder oder Produktbeschreibungen auf E-Commerce-Websites nach wie vor weit verbreitet sind, können sie die taktilen Qualitäten von Produkten nicht erfolgreich vermitteln. Das Kauferlebnis kann durch den Einsatz neuer Technologien, welche durch dynamische und interaktive Attribute gekennzeichnet sind, verbessert werden. Der Fokus dieser Studie liegt auf dem dynamischen Produktpräsentationsformat (Produktvideo), da dieser zum einen im Onlinehandel eine breitere Anwendung findet als interaktive Formate (z. B. Virtueller Spiegel). Zum anderen wurde bislang der Einfluss der Interaktivität weitreichender untersucht als jener der dynamischen Präsentation (Manzano et al., 2016).

Bevor die Befragung ins Feld ging, wurde zunächst ein Pre-Test durchgeführt, welcher dazu diente, mögliche Fehlerquellen zu identifizieren. Neben einer korrekten und fehlerfreien Darstellung der Fragen und Skalen wurde der Fokus vornehmlich auf die korrekte Randomisierung sowie die Filtereinstellungen gelegt. Zudem wurde die Wiedergabe der Medien auf unterschiedlichen Endgeräten (Notebook, PC, Smartphone und Tablet) und verschiedenen Betriebssystemen getestet. Hierbei fiel auf, dass Smartphones der Firma Apple das implementierte Produktvideo nicht fehlerfrei abspielen konnten. Um diese nicht unerhebliche Fehlerquelle zu beheben und die möglichen Datenverluste zu vermeiden, wurde das Produktvideo[2] mittels eines YouTube Einbettungslinks in den Fragebogen eingefügt. Die Befragung ging am 05.05.2019 ins Feld, wobei der Link zur Teilnahme in einem sechswöchigen Zeitraum bis zum 19.06.2019 freigeschaltet war. Die Alterseinschränkung der Studie wurde auf 18 Jahre festgelegt. Das Online-Experiment startete zunächst damit, dass die Versuchsperson (Vpn) soziodemografische Fragen sowie Aspekte, welche die Internetnutzungshäufigkeit sowie die Präferenzen bezüglich des Einkaufverhaltens betreffen, beantworten musste. Im Anschluss darauf wurde dem Teilnehmer nach Zufallsprinzip eines der beiden Stimuli (siehe Abbildung 1) gezeigt, wobei die Aufgabe darin bestand, das Produkt genau zu betrachten.

---

[2] Produktvideo unter folgendem Link verfügbar: https://youtu.be/9iwJRhdzkqY

Stimulus 1: Der Vpn wurde der Geldbeutel anhand von fünf Produktbildern präsentiert. Bei den Bildern handelt es sich um fünf unterschiedliche Perspektivaufnahmen des Geldbeutels, wobei die Vpn die Möglichkeit hatte, das Produkt sowie dessen Materialeigenschaften durch eine Zoomfunktion näher zu betrachten.

Stimulus 2: Der Vpn wurde der Geldbeutel anhand eines Produktvideos präsentiert. Das 22-sekündige Video zeigt den Geldbeutel aus allen Perspektiven und visualisiert zusätzlich die Handhabung dessen. Den Teilnehmern stand es frei, das Video zum besseren Verständnis wiederholt anzuschauen. Da das Video über einen Untertitel verfügt, ist der Ton für die Verständlichkeit unerheblich. Detaillierte Produktabbildungen sowie ein Storyboard des Produktvideos befinden sich in Anhang C.

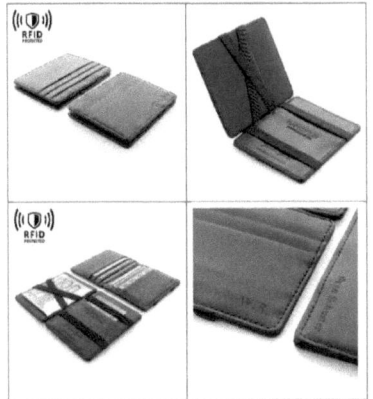

Abbildung 1. Treatments der Studie. Stimulus 1: Produktbilder (links); Stimulus 2: Produktvideo (rechts)
(eigene Darstellung).

Nach den einzelnen Interaktionen mit den jeweiligen Präsentationsformaten beantworteten die Vpn einen Post-Test-Fragebogen. Der post-experimentelle Fragebogen bestand aus den Skalen, die bereits im vorangegangenen Kapitel beschrieben wurden. Alle Skalenelemente wurden auf einer Likert-Skala gemessen.

4 Ergebnisse und Interpretation

4.1 Deskriptivstatistische Auswertung

Insgesamt nahmen 533 Teilnehmer an der Online-Umfrage teil. Der erste Check der rückläufigen Daten zeigte, dass der Fragebogenlink 737-mal aufgerufen wurde, jedoch nur 432 Teilnehmer diesen tatsächlich abgeschlossen haben. Auffällig ist die hohe Drop-Out-Rate auf der ersten Seite, auf der die demografischen Daten erfasst wurden. Nach dem Datenexport folgte der Plausibilitätscheck, um Ausreißer und fehlende Fälle aufzudecken. Bei der Kontrollfrage zur korrekten Wiedergabe des Mediums haben 35 Personen angegeben, dass das Video nicht korrekt anzeigt wurde. Aufgrund dessen wurden diese Fälle aus dem Datensatz entfernt, was zu einer leicht ungleichen Stichprobenverteilung führte. Nach Abschluss des Datencleanings ergab sich eine endgültige Stichprobengröße von $n = 397$. Für die Datenauswertung fand das Statistikprogramm R[3] Anwendung. Die a posteriori berechnete Teststärke wurde mit dem Programm G*Power (Faul, Erdfelder, Lang & Buchner, 2007) durchgeführt und zeigt eine Power von 100% auf. Das Durchschnittsalter der 397 Befragten liegt im Alter zwischen 18 und 62 Jahren (M = 28.68; SD = 7.20). Die Geschlechterverteilung zeigt 153 (39%) männliche Teilnehmer, womit die Stichprobe mit 244 Teilnehmerinnen (61%) vom weiblichen Geschlecht dominiert wird. Abbildung 2 veranschaulicht diese Verteilungen.

---

[3] RStudio Version 1.2.1335

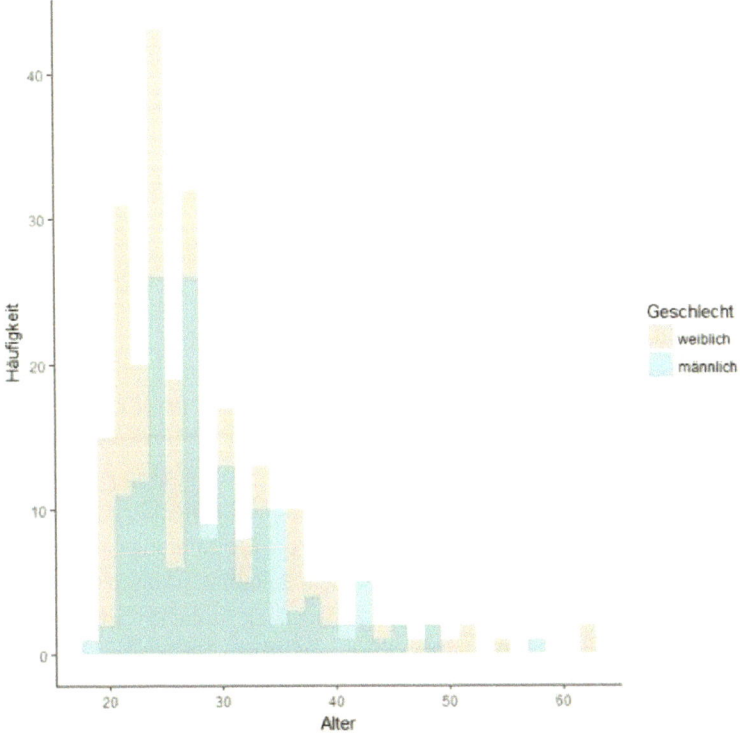

Abbildung 2. Histogramm der Altersverteilung nach Geschlecht (eigene Darstellung).

Wie in Abbildung 3 (rechts) zu sehen, befindet sich die Mehrheit der Befragten in einem Angestelltenverhältnis (80%), gefolgt von Personen mit Studentenstatus (15%). In Bezug auf das Bildungsniveau zeigt sich, dass der Großteil einen höheren Bildungsabschluss (57%) oder einen Hochschulabschluss (24%) besitzt. Die Hälfte der Befragten verbringt bis zu drei Stunden täglich im Internet, 25% bis zu sechs Stunden. Wie in Abbildung 3 (links) zu sehen, geben 186 Teilnehmer (47%) auf die Frage, wie häufig sie im Internet Produkte einkaufen an, monatlich im Internet einzukaufen, wogegen 146 Befragte (37%) mindestens wöchentlich online shoppen. Die deskriptiven Maße befinden sich in Anhang D-1 und veranschaulichen die Charakteristika der Befragten.

Ergebnisse und Interpretation

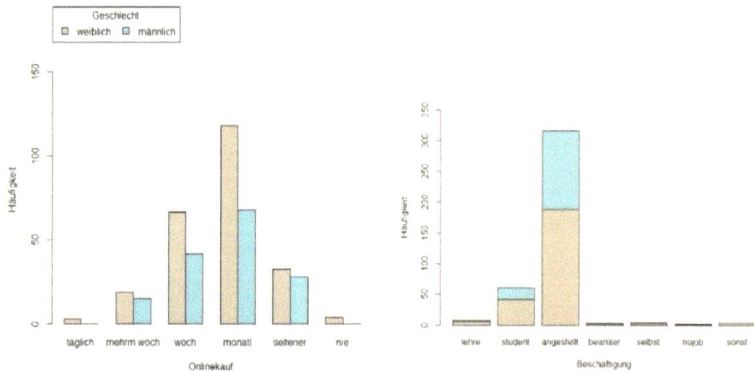

Abbildung 3. Balkendiagramme der Onlinekaufhäufigkeit (links) und der Beschäftigungsverteilung (rechts)
(eigene Darstellung).

Da für die Skalen der Greifbarkeit und der Impulskauftendenz bislang keine validierte deutsche Fassung existiert, wurde für die Bestimmung der internen Konsistenz Cronbachs Alpha berechnet. Mit einem Reliabilitätskoeffizienten von $\alpha = .86$ kann die Messgenauigkeit der Impulskauftendenz als gut deklariert werden. Auch die Reliabilitätskennwerte der Mentalen ($\alpha = .75$) und Physischen Greifbarkeit ($\alpha = .81$) können als ausreichend eingestuft werden. Tabelle 1 veranschaulicht die zentralen Lage- und Streuungsmaße der zu untersuchenden Variablen in dieser Studie.

	Gesamt (n = 397)	Bilder (n = 209)	Video (n = 188)
NFT	3.74 (1.43)	3.67 (1.46)	3.83 (1.40)
I-NFT	4.09 (1.44)	4.04 (1.49)	4.14 (1.38)
A-NFT	3.39 (1.65)	3.29 (1.67)	3.51 (1.63)
Impulsives Kaufverhalten	2.70 (0.76)	2.71 (0.76)	2.69 (0.76)
Physische Greifbarkeit	5.45 (1.97)	5.65 (1.94)	5.23 (1.98)
Mentale Greifbarkeit	6.36 (1.59)	6.77 (1.54)	5.90 (1.53)
Greifbarkeit	5.96 (1.45)	6.28 (1.44)	5.60 (1.37)
Kaufbereitschaft	2.92 (1.73)	3.14 (1.72)	2.66 (1.70)
Anmerkungen. Ergebnisdarstellung anhand von Mittelwerten. Die Standardabweichungen sind in Klammern aufgeführt.			

Tabelle 1 Statistische Kennwerte der Variablen entlang der Studie
(eigene Darstellung)

Da neben den Lagemaßen auch die Verteilungsformen der Variablen wichtige Kennzeichen sind, werden diese anhand von Histogrammen überprüft. Das Dichtediagramm (Abb. 4 links) zeigt die Verteilungsform der Daten der Variable Physische Greifbarkeit auf, wobei eine Abnormalität auffällig ist. Der QQ-Plot (Abb. 4 rechs) visualisiert die erhebliche Abweichung von der Normalverteilung und die starke Streuung der Daten. Die grafische Betrachtung der restlichen metrischen Variablen können Anhang D-2 und D-3 entnommen werden.

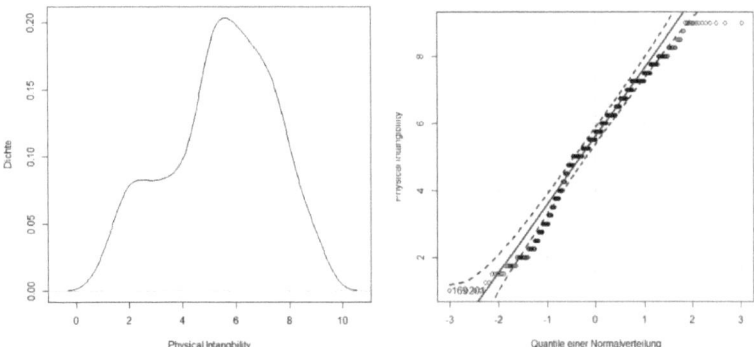

Abbildung 4. Dichtediagramm (links) und QQ-Plot (rechts) der Variable Physische Greifbarkeit
(eigene Darstellung).

Um die Haupt,- sowie die Interaktionseffekte der Variable A-NFT zu testen, wurde die Stichprobe mithilfe eines Median-Splits in zwei Gruppen aufgeteilt, was ein gängiges Verfahren darstellt, um eine kontinuierliche Variable künstlich zu dichotomisieren (Choi & Taylor, 2014; de Vries, Jager, Tijssen & Zandstra, 2018; Vieira, 2013; Workman & Cho, 2013). Wie in Abbildung 5 zu sehen, wurden Versuchspersonen, die im A-NFT größere Werte als der Median (3.17) erzielten, als hoch eingestuft (n = 198), die anderen als niedrig (n = 199).

Ergebnisse und Interpretation

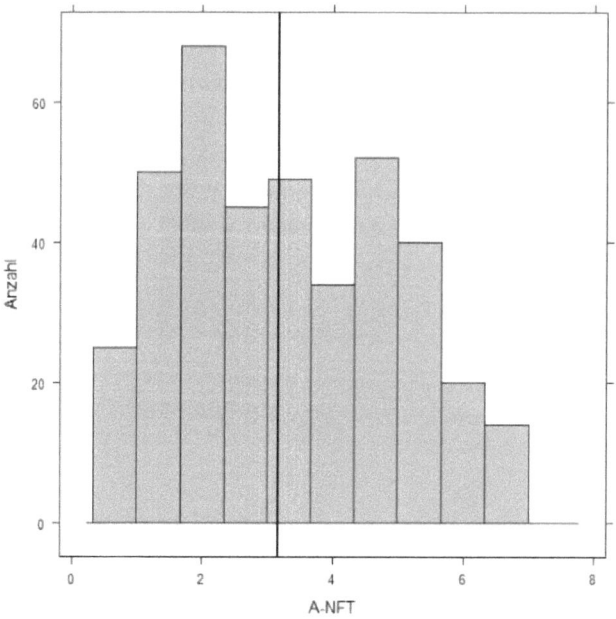

Abbildung 5. Histogramm der Variable A-NFT mit eingezeichnetem Median (eigene Darstellung).

4.2 Prüfung von Voraussetzungen

Für die Prüfung der Hypothesen werden unterschiedliche statistische Verfahren angewendet. Neben einer sorgfältig ausgesuchten Methode zur Hypothesenprüfung, müssen unterschiedliche Voraussetzungen erfüllt werden, um korrekte Ergebnisse erzielen zu können (Rasch, Friese, Hofmann & Naumann, 2014a).

Um den negativen Zusammenhang zwischen dem A-NFT und der mentalen Greifbarkeit (H1) sowie zwischen A-NFT und der physischen Greifbarkeit (H2) aufzuzeigen, wird für die Berechnung der beiden Hypothesen eine Korrelationsberechnung nach Pearson herangezogen. Auch für die Testung der H3, die der Frage nachgeht, ob ein positiver Zusammengang zwischen der wahrgenommenen Greifbarkeit und der Kaufbereitschaft besteht sowie der H4, die einen positiven Zusammenhang zwischen A-NFT und der Impulskauftendenz aufzeigen soll, findet die Korrelationsberechnung Anwendung. Hierbei sind die Voraussetzungen die Intervallskalierung und Linearität der Variablen. Um die linearen Zusammenhänge zu prüfen, ist die Betrachtung eines Streudiagramms mit einer eingezeichneten Geraden der beste Weg, die Form des Zusammenhangs zu bestimmen (Sedlmeier & Renkewitz, 2016). Nach Sichtung der Diagramme (Anhang D-4) zeigen sich für alle Variablen der vier Hypothesen lineare Zusammenhänge, womit die Voraussetzungen als erfüllt betrachtet werden können.

Um die Mittelwertsdifferenz der Kaufbereitschaft zwischen den Produktpräsentationsformaten zu prüfen (H5), wird der t-Test für unabhängige Stichproben herangezogen. Da der Test ein parametrisches Verfahren darstellt (Rasch et al., 2014a), müssen unterschiedliche Bedingungen erfüllt werden, die neben der Intervallskalierung und der Normalverteilung die Varianzhomogenität der AV umfassen (Manderscheid, 2017). Nach Rasch et al. (2014a) ist die Überprüfung des Intervallskalenqualität komplex und mit einem hohen Aufwand verbunden. In Einklang dazu argumentieren Döring und Bortz (2016, S. 235) wie folgt: „Die meisten Messungen sind Per-fiat-Messungen (Messungen „durch Vertrauen"), die auf Erhebungsinstrumenten (...) basieren, von denen man annimmt, sie würden das jeweilige Merkmal auf einer Intervallskala messen". Demzufolge wird in dieser Studie darauf vertraut, dass für die in dieser Studie verwendeten Skalen ein Intervallskalenniveau vorliegt. Da eine Sichtprüfung der Daten anhand eines Dichtediagramms oder eines QQ-Plots zwar erste Indizien auf die Verteilungsform gibt, ist diese Form ein unzuverlässiger Maßstab für die Feststellung einer ernsthaften Abweichung der Daten von der Normalverteilung. Für die statistische Prüfung der Normalverteilung gibt es verschiedene Methoden wie den Kolmogorov-Smirnov-Test oder den Shapiro-Wilk-Test, wobei der letztere als mächtiger bezeichnet wird (Hatzinger et al., 2014) und demzufolge zur Prüfung auf Normalverteilung herangezogen wird. Die Ergebnisse geben Aufschluss darüber, dass bei der Variable Kaufbereitschaft gemäß dem Shapiro-Wilk-Test bei beiden PPF keine Normalverteilung vorliegt, da $p < .05$. Nach Hatzinger et al. (2014) reagiert der t-Test bei einer Stichprobe, die groß genug ist, robust gegenüber Verletzungen der Normalverteilung. Dem zentralen Grenzwertsatz zufolge liegt eine Normalverteilung auch dann vor, wenn die zugrundeliegende Verteilung der Grundgesamtheit extreme Abweichungen aufweist wie Schiefe oder Multimodalität, solange $n \geq 30$ ist (Döring & Bortz, 2016; Hatzinger et al., 2014; Manderscheid, 2017, Rasch et al., 2014a, Sedlmeier & Renkewitz, 2016). Um die Varianzgröße der Gruppen zu vergleichen, kommt der Levene-Test zum Einsatz. Der Test zeigt nicht signifikante Ergebnisse ($p = .887$), weshalb eine Gleichheit der Varianzen angenommen werden kann.

Um der Frage nachzugehen, welche Effekte Produktpräsentationsformate (Bilder vs. Video) als Faktor A auf die wahrgenommene mentale Greifbarkeit (AV) haben, und um zusätzlich den Einfluss von A-NFT (hoch vs. niedrig) als Faktor B zu untersuchen, wird eine zweifaktorielle Varianzanalyse herangezogen. Dasselbe Untersuchungsverfahren wird angewandt, um die Effekte der PPF (Faktor A) und von A-NFT (Faktor B) auf die wahrgenommene physische Greifbarkeit zu betrachten (AV). Für die Berechnung der zweifaktoriellen ANOVA gilt es zunächst folgende Bedingungen zu überprüfen: Intervallskalierung und Normalverteilung der AV der einzelnen Gruppen, Varianzhomogenität, Unabhängigkeit der Messungen sowie die Nominalskalierung und Unabhängigkeit der UV. Bei der Prüfung auf Normalverteilung zeigt sich, dass bei der mentalen und physischen Greifbarkeit beim hohen als auch beim niedrigen A-NFT aufgrund der signifikanten Ergebnisse keine Normalverteilung vorliegt ($p < .01$). Die Ergebnisse des Shapiro-Wilk-Tests für die physische Greifbarkeit zeigen, dass bei beiden PPF keine Normalverteilung vorliegt, da $p < .01$. Bei der mentalen Greifbarkeit zeigt sich bei dem PPF Video eine Normalverteilung ($p = .177$), wogegen diese bei den Bildern nicht vorhanden ist. Zur Testung der Varianzhomogenität fand der Bartlett-Test Anwendung. Das Ergebnis zeigt bei der mentalen Greifbarkeit einen Wert von $p = .729$ auf, was für eine Homogenität spricht. Auch bei der physischen Greifbarkeit ist die Homoskedastizität gemäß dem Bartlett-Test ($p = .825$) gegeben.

4.3 Inferenzstatistische Auswertung und Interpretation

Die Ergebnisse für die in dieser Studie zugrunde liegenden Zusammenhangshypothesen sind in Tabelle 2 aufgeführt. Für die Hypothese 1, welche besagt, dass ein negativer Zusammenhang zwischen autotelischem NFT und der wahrgenommenen mentalen Greifbarkeit vorherrscht, konnte ein negativer Zusammenhang nachgewiesen werden ($r(395) = -.15$, $p < .001$), was nach den Konventionen von Cohen (1988) einen schwachen Effekt darstellt. Je höher die individuelle Ausprägung des A-NFT, desto niedriger ist die wahrgenommene mentale Greifbarkeit des Produkts. Die Ergebnisse sprechen für die Annahme der Alternativhypothese.

Auch die Prüfung der Hypothese 2 folgte einem negativen Zusammenhang, wobei hier die physische Greifbarkeit und das A-NFT in Beziehung gesetzt wurden. Der Korrelationskoeffizient zeigt hier keinen Zusammenhang, $r(395) = .05$, $p = .873$. Aufgrund des nicht signifikanten Ergebnisses wird die Nullhypothese beibehalten. Die wahrgenommene Greifbarkeit und die Kaufbereitschaft bezüglich des Produktes zeigen mit ($r(395) = .30$, $p < .001$) die höchste Korrelation in dieser Studie auf, was einen mittleren Effekt für die Hypothese 3 darstellt. Je höher das Produkt als greifbar wahrgenommen wird, desto höher ist auch die Kaufbereitschaft. Aus dem hochsignifikanten Ergebnis ergibt sich eine Ablehnung der Nullhypothese. Des Weiteren wurde in der Hypothese 4 die positive Beziehung zwischen dem Impulsiven Kaufverhalten und des A-NFT betrachtet. Aus den Resultaten geht hervor, dass hier ein schwacher positiver Zusammenhang vorherrscht (r(395) = .19, p < .01). Je höher das autotelische NFT des Individuums, desto höher ist auch das impulsive Kaufverhalten. Die Ergebnisse sprechen für die Annahme der Alternativhypothese. Eine visuelle Darstellung der Zusammenhänge innerhalb eines Matrixdiagramms kann dem Anhang E-1 entnommen werden.

Variable	1	2	3	4	5	6	7	8
NFT (1)	1							
A-NFT (2)	.93	1						
I-NFT (3)	.91	.71	1					
IK (4)	.19	.19***	.16	1				
MG (5)	-.15	-.16***	-.13	.02	1			
PG (6)	.08	.06 n.s.	.09	.09	.35	1		
KB (7)	.05	.05	.05	.06	.18	.31	1	
GB (8)	-.05	-.06	-.02	.06	.82	.82	.30***	1

Anmerkungen. Impulsives Kaufverhalten (IK); Mentale Greifbarkeit (MG); Physische Greifbarkeit (PG), Kaufbereitschaft (KB), Greifbarkeit (GB). Alle Korrelationen über .16 sind signifikant (einseitig), (n.s.) nicht signifikant, ***p < .001 (einseitig).

Tabelle 2 Korrelationen entlang der Studie (n = 397)
(eigene Darstellung)

Zusätzlich wurden bestehende Zusammenhänge zwischen den anderen Variablen explorativ betrachtet. An den Daten aus Tabelle 2 lässt sich gut erkennen, dass die Variablen des NFT und der Greifbarkeit jeweils untereinander stark korrelieren. Zudem deuten die Daten darauf hin, dass der Zusammenhang des impulsiven Kaufverhaltens nicht nur mit dem Merkmal A-NFT verbunden ist, sondern auch mit dem instrumentellen NFT schwach korreliert.

Ein t-Test für unabhängige Stichproben wurde durchgeführt, um die Kaufbereitschaft für das Produkt anhand unterschiedlicher Produktpräsentationsformate zu vergleichen. Aus den Ergebnissen des gerichteten Tests geht hervor, dass das Produktvideo (M = 2.66, SD = 1.70) im Vergleich zu den Produktbildern (M = 3.14, SD = 1.73) keine höhere Kaufbereitschaft generiert (t(395) = 2.78, p = .997). Der Boxplot in Abbildung 6 kommt der Interpretation der Mittelwertsunterschiede zugute, wobei hier vor allem die große Streuung der Daten erkennbar ist. Das nicht signifikante Ergebnis spricht gegen die Alternativhypothese, weshalb die Nullhypothese beibehalten wird. Eine explorative zweiseitige Berechnung des t-Test zeigt, dass sich die Gruppen hinsichtlich der Kaufbereitschaft signifikant voneinander unterscheiden, $t(395) = 2.78, p < .01$.

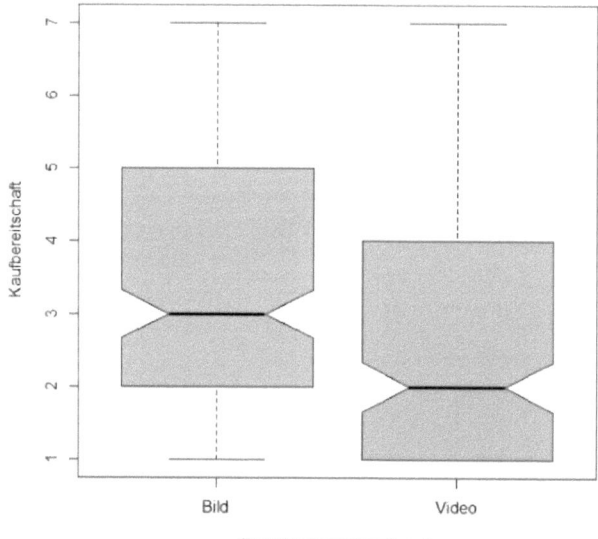

Abbildung 6. Boxplot zur H5: PPF und Kaufbereitschaft (eigene Darstellung).

Die deskriptiven Statistiken der berechneten zweifaktoriellen ANOVA, welche die Effekte der Faktoren A (Produktpräsentationsformate) und B (A-NFT) auf die mentale Greifbarkeit als abhängige Variable (AV) betrachtet, findet sich in Tabelle 3. Nach Rasch et al. (2014b) findet für die zweifaktorielle Varianzanalyse das Effektmaß partielles Omega-Quadrat Anwendung, da es im Vergleich zum partiellen Eta-Quadrat weniger Verzerrungen aufweist und somit eine genauere Populationseffektschätzung erlaubt.

Abhängige Variable: Mentale Greifbarkeit						
					95%-Konfidenzintervall	
A-NFT	PPF	n	M	SD	Untergrenze	Obergrenze
niedrig	Bild	113	6.98	1.46	6.70	7.27
	Video	86	6.10	1.47	5.77	6.42
hoch	Bild	96	6.53	1.61	6.22	6.84
	Video	102	5.74	1.56	5.45	6.04

Tabelle 3 Deskriptive Statistiken der Faktoren zur Mentalen Greifbarkeit (eigene Darstellung)

Um die Effekte der einzelnen Faktoren inhaltlich korrekt interpretieren zu können, werden zunächst die Wechselwirkungen zwischen den Faktoren betrachtet (Hatzinger et al., 2014; Rasch et al., 2014b). Die Ergebnisse der zweifaktoriellen ANOVA sind in Tabelle 4 dargelegt. Die Resultate der Interaktionsberechnung legen nahe, dass zwischen den Faktoren A-NFT und PPF keine Wechselwirkungen vorliegen, $F(1,393) = 0.11, p = .739$. Die nicht signifikanten Befunde lassen den Schluss zu, dass es keinen über die Haupteffekte hinausgehenden Effekt gibt, womit die Nullhypothese der H6c beibehalten wird. Aus den Befunden des Haupteffekts A geht hervor, dass das Produktpräsentationsformat einen Einfluss auf die wahrgenommene mentale Greifbarkeit hat, $F(1,393) = 29.62, p <.001$, partielles $\omega^2 = .067$. Aus den Daten der deskriptiven Statistik (Tabelle 3) lässt sich erkennen, dass die Wahrnehmung der mentalen Greifbarkeit des Produkts bei den Teilnehmern, welche die Produktbilder sahen höher ist, verglichen zu denjenigen, die ein Produktvideo gesehen haben. Die Effektstärke sagt aus, dass das PPF einen mittleren Effekt auf die mentale Greifbarkeit hat und ungefähr 6% der Varianz aufklärt. Die signifikanten Ergebnisse führen zu der Annahme der Hypothese 6a. Bei der Betrachtung des Haupteffekts B zeigt sich, dass sich auch die individuelle Ausprägung des A-NFT (hoch vs. niedrig) auf die mentale Greifbarkeit auswirkt ($F(1,393) = 6.88, p < .01$, partielles $\omega^2 = .021$). Betrachtet man die Mittelwertsunterschiede in Tabelle 3, lässt sich erkennen, dass Versuchspersonen mit einem niedrigen A-NFT das Produkt als mental greifbarer wahrnehmen im Vergleich zu Personen, die eine hohen Ausprägung des A-NFT haben. Mit einer Varianzaufklärung von 2% hat das autotelische NFT einen kleinen Effekt auf die mentale Greifbarkeit. Die Ergebnisse sprechen für die Alternativhypothese und somit zur Annahme der H6b.

Ergebnisse und Interpretation

Quelle	Quadrat-summe vom Typ III	df	Mittel der Quadrate	F	p
Korrigiertes Modell	91.59a	3	30.53	13.12	.000
Konstanter Term	15792.15	1	15792.15	6787.77	.000
A-NFT	16.01	1	16.01	6.88	.009
PPF	68.92	1	68.92	29.62	.000
A-NFT * PPF	0.26	1	0.26	0.11	.739
Fehler	914.34	393	2.33		
Korrigierte Gesamtvariation	17078.16	397			
Anmerkung. a R^2 = .091 (korrigiertes R^2 = .084)					

Tabelle 4 Übersichtstabelle der zweifaktoriellen ANOVA zu den Effekten der PPF und des A-NFT auf die Mentale Greifbarkeit
(eigene Darstellung)

Tabelle 5 beinhaltet die deskriptiven Statistiken der Faktoren, aus der grundlegende Informationen über die Daten der Varianzanalyse hervorgehen. Dabei stellt das Produktpräsentationsformat den Faktor A und A-NFT den Faktor B dar. Die physische Greifbarkeit bildet hier die AV.

Abhängige Variable: Physische Greifbarkeit						
					95%-Konfidenzintervall	
A-NFT	PPF	n	M	SD	Untergrenze	Obergrenze
niedrig	Bild	113	5.45	2.00	5.09	5.81
	Video	86	5.21	2.03	4.79	5.62
hoch	Bild	96	5.90	1.85	5.51	6.29
	Video	102	5.25	1.94	4.86	5.63

Tabelle 5 Deskriptive Statistiken der Faktoren zur Physischen Greifbarkeit
(eigene Darstellung)

Die Tabelle 6 zeigt die Ergebnisse der zweifaktoriellen Varianzanalyse zu den Effekten der PPF und des A-NFT auf die physische Greifbarkeit. Der Interaktionsterm von PPF und A-NFT auf die wahrgenommene physische Greifbarkeit zeigt keine signifikanten Resultate, $F(1,393) = 1.09, p = .296$. Demzufolge wird die Nullhypothese der H7c beibehalten, welche besagt, dass keine Wechselwirkung bestimmter Stufen der Faktoren PPF und A-NFT auf die physische Greifbarkeit besteht. Aus den Resultaten geht hervor, dass ein Haupteffekt des Faktors A auf die physische Greifbarkeit vorliegt $(F(1,393) = 5.16, p = .023$, partielles $\omega^2 = .010)$. In Abhängigkeit vom PPF zeigt die wahrgenommene physische Greifbarkeit der Teilnehmer höhere Werte bei der Betrachtung von Bildern als vom Video auf, unabhängig von der individuellen Ausprägung des A-NFT (siehe Tabelle 5). Die Berechnung der Effektstärke zeigt, dass das PPF ungefähr 1% der Varianz aufklärt, was Aufschluss darüber gibt, dass der Faktor A einen kleinen Effekt auf die physische Greifbarkeit hat. Die Hypothese 7a kann demzufolge angenommen werden. Die Ergebnisse für den Einfluss des Faktors B zeigen, dass es keine bedeutenden Unterschiede in der individuellen Ausprägungen (hoch vs. niedrig) vom autotelischen NFT in Bezug auf die wahrgenommene physische Greifbarkeit gibt, $F(1,393) = 1.69, p = .195$. Die Nullhypothese der H7b wird dementsprechend beibehalten.

Abhängige Variable: Physische Greifbarkeit					
Quelle	Quadrat-summe vom Typ III	df	Mittel der Quadrate	F	p
Korrigiertes Modell	28.69a	3	9.56	2.49	.059
Konstanter Term	11673.83	1	11673.83	3049.34	.000
A-NFT	5.91	1	5.91	1.54	.215
PPF	19.63	1	19.63	5.13	.024
A-NFT * PPF	4.19	1	4.19	1.09	.296
Fehler	1504.53	393	3.83		
Korrigierte Gesamtvariation	1533.22	396			
Anmerkung. a. $R^2 = .019$ (korrigiertes $R^2 = .011$)					

Tabelle 6 Übersichtstabelle der zweifaktoriellen ANOVA zu den Effekten der PPF und des A-NFT auf die Physische Greifbarkeit
(eigene Darstellung)

4.4 Explorative Ergebnisse

Zusätzliche Analysen der vorliegenden Daten wurden unternommen, um weitere Zusammenhänge sowie mögliche Einflussfaktoren zu betrachten. Da das Geschlecht einen bestimmenden Faktor darstellt, wird dieser näher beleuchtet. Zunächst wurde das Augenmerk auf die Geschlechtsunterschiede bei der mentalen sowie physischen Greifbarkeit gelegt und anhand des t-Tests berechnet. Die Ergebnisse des ungerichteten Tests sind sowohl für die mentale ($t(395) = -1.94$, n.s.) als auch die physische Greifbarkeit ($t(395) = -0.07$, n.s.) nicht signifikant.

Betrachtet man die Variable NFT, zeigt der gerichtete t-Test, dass es einen signifikanten Unterschied zwischen den Geschlechtern gibt ($t(395) = 4.51$, $p < .001$). Frauen zeigen höhere Werte bei dem Berührungsbedürfnis auf ($M = 3.99$, $SD = 1.46$) als Männer ($M = 3.34$, $SD = 1.30$). Auch in den einzelnen Ausprägungen zeigen sich signifikante geschlechtsspezifische Unterschiede: A-NFT ($t(395) = 4.46$, $p < .001$) und I-NFT ($t(395) = 3.82$, $p < .001$, die in Abbildung 7 grafisch veranschaulicht werden. Frauen zeigen in beiden NFT-Ausprägungen höhere Werte auf (A-NFT: $M = 3.68$, $SD = 1.72$; I-NFT: $M = 4.31$, $SD = 1.45$) im Vergleich zu Männern (A-NFT: $M = 2.94$, $SD = 1.44$; I-NFT: $M = 3.75$, $SD = 1.36$).

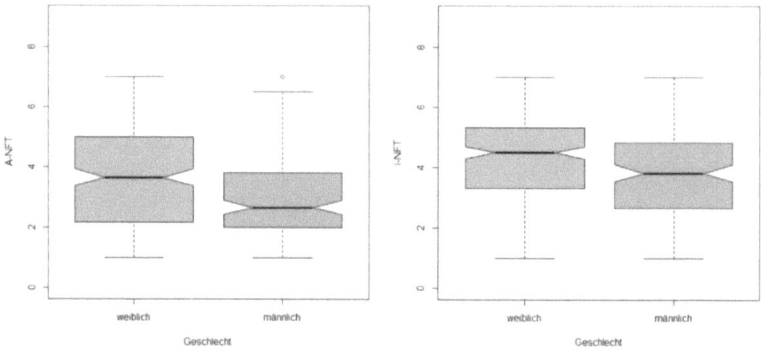

Abbildung 7. Boxplots: A-NFT und Geschlecht (links) und I-NFT und Geschlecht (rechts) (eigene Darstellung).

Neben der Kaufbereitschaft für das Produkt wurde ebenfalls die Zahlungsbereitschaft abgefragt. Es lässt sich feststellen, dass die Bereitschaft zum Kauf des Produkts gering ausfällt ($M = 2.92$, $SD = 1.73$). Auch bei der Zahlungsbereitschaft, bei dem die Teilnehmer dem Produkt einen selbstbestimmten preislichen Wert beimessen konnten, liegt in der unteren Preisrange. Abbildung 8 zeigt die Verteilungen der Variablen Geschlecht und PPF auf den Preis. Die Ergebnisse des gerichteten Mann-Whitney-U-Test zeigen, dass Produktbilder einen höheren preislichen Wert generieren ($Mdn = 20$) als das Produktvideo ($Mdn = 20$), $U = 24.499$, $p = < .001$). Zwischen den Geschlechtern lässt sich jedoch kein Unterschied auf die preisliche Wertbeimessung feststellen ($U = 18.103$, $p > .05$).

Ergebnisse und Interpretation

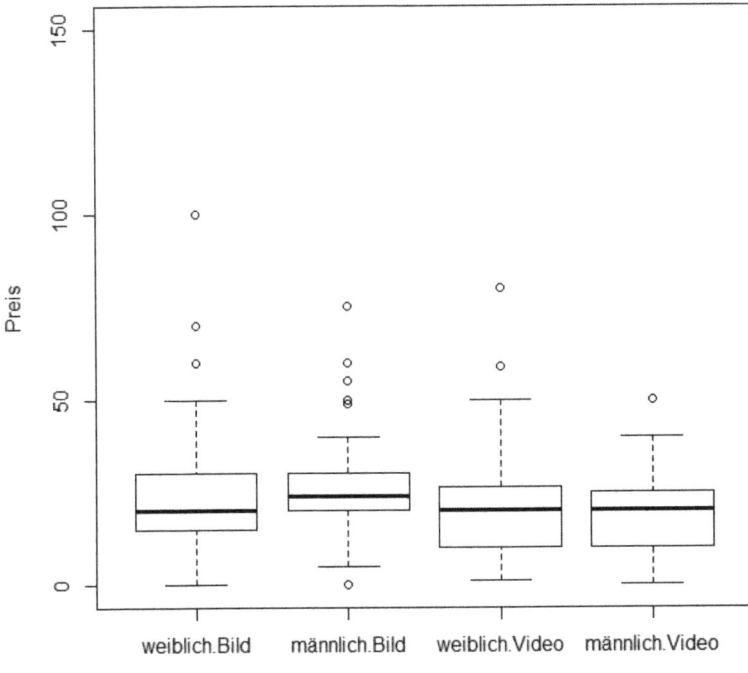

Abbildung 8. Boxplots zur Zahlungsbereitschaft anhand des Geschlechts und PPF (eigene Darstellung).

5 Diskussion

5.1 Rückbezug zur Theorie

Aus den Ergebnissen dieser experimentellen Studie lässt sich schließen, dass die Produktpräsentationsformate einen Einfluss darauf haben, dass das Produkt mental als auch physisch als greifbarer wahrgenommen wird. Betrachtet man die Resultate zur individuellen Ausprägung des A-NFT, lässt sich feststellen, dass dieser Faktor ebenfalls einen Einfluss auf die mentale Greifbarkeit ausübt, jedoch nicht auf die physische Greifbarkeit. Des Weiteren legen die Daten nahe, dass höhere Werte im A-NFT mit einer geringeren Wahrnehmung in der mentalen Greifbarkeit einhergeht, was jedoch nicht auf die physische Greifbarkeit zutrifft. Es kann auch die Feststellung getroffen werden, dass zwischen dem A-NFT und dem impulsiven Kaufverhalten ein positiver Zusammenhang vorherrscht. Zudem geht aus den Resultaten hervor, dass die Kaufbereitschaft mit einer höheren wahrgenommenen Greifbarkeit des Produktes steigt. Jedoch konnte nicht bestätigt werden, dass das Produktvideo im Vergleich zu den Produktbildern eine höhere Kaufabsicht generiert. Insgesamt konnten 6 von 11 Hypothesen in dieser Untersuchung bestätigt werden.

Verhagen et al. (2014) beschreiben, dass interaktive Produktpräsentationsformate wie ein Produktvideo statischen Produktbildern überlegen sind, da sie dem Konsumenten das Gefühl eines direkten Produkterlebnisses geben und somit die mentale Beteiligung steigern. Auch Orús et al. (2017) betonen, dass interaktive PPF dem Verbraucher ein realistisches Erlebnis verschaffen und zugleich eine sensorische Erfahrung vermitteln. Roggeveen et al. (2015) merken an, dass ein Produktvideo herangezogen werden kann, um im technologischen Umfeld eine sensorische Umgebung zu erzeugen und somit die Plastizität des Produktes zu steigern. Das fördert nicht nur die Vorstellungskraft zum Produkt, sondern vermittelt dem Konsumenten ein positives Gefühl, was zur verstärkten Kaufabsicht führt (Kala & Chaubey, 2019; Orús et al., 2017). Betrachtete man die Ergebnisse dieser experimentellen Untersuchung, zeigen sich jedoch Kontroversen auf. Zum einen zeigen die Resultate in Übereinstimmung mit der Annahme von Verhagen et al. (2014), dass sich die wahrgenommene Greifbarkeit positiv und signifikant auf die Kaufbereitschaft der Versuchspersonen auswirkt. Je greifbarer ein Produkt erlebt wird, desto eher sind Konsumenten bereit, dieses auch zu kaufen. Entgegen der Annahmen zeigen die Resultate dieser Untersuchung jedoch, dass die Teilnehmer, welche das Produktvideo gesehen haben im Vergleich zu denjenigen, die Produktbilder gesehen haben, keine höhere Kaufbereitschaft zum Produkt aufweisen. Das ist insofern interessant, da sich in der weiteren explorativen Betrachtung aufzeigt, dass ein signifikanter Unterschied zwischen den Gruppen existiert. Genauere Berechnungen geben Aufschluss darüber, dass eine signifikant höhere Kaufbereitschaft mit der Betrachtung von Produktbildern einhergeht, verglichen zum Produktvideo. Des Weiteren zeigen die explorativen Ergebnisse, dass die Vpn, welche die Produktbilder gesehen haben, dem Produkt einen höheren preislichen Wert beimessen. Die Ergebnisse stehen in Widerspruch zu den fMRT-Erkenntnissen von Jai, O'Boyle und Fang (2014), die drauf hindeuten, dass unterschiedliche PPF einen Einfluss auf verschiedene Gehirnregionen während des Kodierungs,- und Entscheidungsprozesses haben. Die Autoren führen auf, dass die Darbietung eines Videos zur Aktivierung der Insula führt und die Vpn dazu veranlasst, einen höheren Produktpreis zu erwarten, was wiederum das Belohnungssystem bei einer Kaufentscheidung anregt. Verhagen et al. (2016) belegen in ihrer Studie, dass interaktive PPF nicht nur die Kaufabsicht positiv beeinflussen, sondern sich auch auf die wahrgenommene Greifbarkeit auswirken. Die Autoren führen dabei auf, dass statische Bilder hierbei am wenigsten das Gefühl der Greifbarkeit vermitteln. Auch Krishna und Schwarz (2014) weisen darauf hin, dass dynamische PPF im Vergleich zu statischen Bildern eher dazu beitragen, mentale Bilder zu erzeugen und somit eine Interaktion zum Produkt nahehebringen. Jai, O'Boyle und Fang (2014) konnten in ihrer fMRT-Studie nachweisen, dass Videos nicht nur den somatosensorischen Kortex aktiviert, sondern bei den Vpn das Gefühl von Telepräsenz fördern. Bilder mit einer Zoomfunktion führen hingegen zu einer verbesserten visuellen Produktwahrnehmung. In Übereinstimmung mit der Annahme von Verhagen et al. (2016) zeigt die Analyse, dass die hier dargebotenen PPF einen Einfluss darauf haben, dass ein Produkt physisch, als auch mental als greifbarer wahrgenommen wird. Betrachtet man jedoch die einzelnen Formate zeigt sich, dass die physische und mentale Greifbarkeit bei den Produktbildern höher ist.

Diese Befunde führen zu der Frage, wie das Produktvideo in diesem Experiment von den Versuchspersonen wahrgenommen und inwieweit dieses als dynamisch und lebhaft erlebt wurde. Einen bedeutenden Faktor könnte ein möglicher Qualitätsunterschied zwischen den beiden PPF spielen. Während die Bilder ein hochauflösendes Format aufzeigen, weist das Video mit der vorab eingestellten Wiedergabequalität von 360 Pixeln nur eine mäßige Qualität auf. Verglichen dazu hat die HD-Qualität des Videos 1080 Pixel, muss jedoch von der Vpn in den Videoeinstellungen manuell eingestellt werden. Da davon ausgegangen werden kann, dass die Vpn innerhalb des Fragebogens keine Einstellungsänderungen vorgenommen haben, kann demzufolge in Betracht gezogen werden, dass die Bilder aufgrund von Qualitätsunterschieden als hochwertiger eingestuft wurden. Innerhalb der Produktbild-Darbietung wurde das Produkt mithilfe von fünf Bildern aus unterschiedlichen Perspektiven präsentiert, wobei die Möglichkeit einer Zoomfunktion bestand. Die Vpn konnten folglich das Produkt genau inspizieren und auf die Stellen zoomen, die sie am meisten interessieren. Verglichen dazu zeigt das 22-sekündige Video das Produkt ebenfalls aus allen Winkeln, wobei der Fokus auf der Bedienung des Produktes liegt und weniger auf expliziten Eigenschaften wie der Materialbeschaffenheit. Schafft es ein Produkt im Onlineshopping-Kontext nicht, die Sinne des Verbrauchers anzusprechen, wird das Produkt als langweilig empfunden und dementsprechend negativ bewertet (Overmars & Poels, 2015).

Nach Peck und Childers (2003a, 2003b) unterscheiden sich Individuen anhand des Berührungsbedürfnisses NFT, was sich auf die Kaufentscheidung auswirkt. Da die Bedeutung des E-Commerce weiter zunimmt, ist es vor diesem Hintergrund wichtig zu verstehen, welche Effekte die unterschiedlichen PPF in Anbetracht der individuellen Ausprägung des NFT auf die wahrgenommene Greifbarkeit des Produktes haben. Im Gegensatz zum I-NFT, welches mit einem reflektierten Kaufverhalten einhergeht, kennzeichnet sich das A-NFT durch kein spezifisches Kaufziel aus, wobei der sensorische Aspekt der Produktberührung von zentraler Bedeutung ist. Aufgrund dessen wurde der Fokus dieser Studie auf die A-NFT-Ausprägung gelegt. Da beim Onlineshopping das Produkt nicht berührt werden kann, verhelfen subjektive Erfahrungen dem Konsumenten dabei, sich ein Urteil zu bilden. Online-Händler können hier mithilfe von realistischen PPF dem Verbraucher dabei helfen, sich das Produkt leichter vorzustellen (Orús et al., 2017). Die Annahme, dass es eine Wechselwirkung zwischen den PPF und der individuellen A-NFT-Ausprägung gibt, welche einen Einfluss auf die mentale sowie physische Greifbarkeit nimmt, konnte in dieser Studie nicht nachgewiesen werden. Jedoch zeigt sich ein signifikanter Haupteffekt des A-NFT auf die mentale Greifbarkeit, wobei Individuen mit einer niedrigen Ausprägung das Produkt als mental greifbarer wahrnehmen. Diese Erkenntnis spiegelt sich auch in der Zusammenhangshypothese wider, die eine schwache negative, jedoch signifikante Korrelation beider Variablen aufweist. Choi und Taylor (2014) kommen in ihren Untersuchungen zu ähnlichen Ergebnissen. So konnten die Autoren belegen, dass eine 3D-Werbung gegenüber einer 2D-Darstellung bei Verbrauchern mit einem niedrigen NFT überzeugender wirkt und die visuelle Betrachtung des Produktes ausreicht, um es haptisch zu beurteilen. Bei

Individuen mit einem hohem NFT zeigen sich hingegen keine Unterschiede zwischen einer 3D und 2D-Werbung auf. Die Hypothese, dass Individuen mit einer höheren A-NFT-Ausprägung die wahrgenommene physische Greifbarkeit als geringer empfinden, konnte nicht bestätigt werden. Es konnte ebenfalls nicht bestätigt werden, dass der Faktor A-NFT einen Einfluss auf die physische Greifbarkeit hat. Laroche et al. (2005) beschreiben, dass die physische Greifbarkeit stark von der Zugänglichkeit der Eigenschaften abhängt, die über die Sinne wahrgenommen werden. Demnach lieg die Annahme nahe, dass die hier dargebotenen Stimuli ein sensorisches Erlebnis nicht effizient genug übermitteln konnten.

Da Individuen mit einer hohen Ausprägung des A-NFT das Bedürfnis nach explorativen Berührungen haben und die sensorischen Aspekte der Berührung dem Selbstzweck dienlich sind, wird das A-NFT in Verbindung mit impulsivem Verhalten in Verbindung gebracht (Overmars & Poels, 2015; Peck & Childers, 2006; Vieira, 2012). In Einklang zu den Annahmen zeigt sich ein mittlerer Zusammenhang zwischen den Variablen. Die Interpretation der hier untersuchten Zusammenhangshypothesen ist jedoch dadurch eingeschränkt, dass keine Kausalzusammenhänge gezogen werden können, weshalb aufbauende Untersuchungen mehr Erkenntnisse bieten würden. Explorative Analysen zeigen auf, dass ebenfalls ein positiver Zusammenhang zwischen impulsivem Verhalten und des I-NFT vorherrscht, was gegen die Befunde von Peck und Childers (2006) sowie Vieira (2012) spricht, die keine Beziehung feststellen konnten.

5.2 Theoretische und praktische Implikationen

Die praktischen Implikationen dieser Untersuchung richten sich vornehmlich an Online-Händler sowie Kleinunternehmer, die ihre Produkte in Onlineshop vertreiben. So kann diese Studie dazu genutzt werden, um mehr Erkenntnisse über die Auswirkungen der PPF auf die wahrgenommene Greifbarkeit des Produktes sowie die Kaufbereitschaft zu erfahren. Zusätzlich wird der Einfluss des Berührungsbedürfnisses NFT beleuchtet, welcher sich ebenfalls auf die Einstellung zum Produkt und folglich auf die Kaufabsicht auswirkt. Die Erkenntnisse dieser Studie sind vor allem deswegen interessant, da es sich in dieser Studie um ein Produkt handelt, welches durch die üblichen Produktpräsentationsformate der E-Commerce-Branche im Onlineshop des Unternehmens sowie über Drittanbieter wie Amazon angeboten wird. Die Ergebnisse können von Unternehmen genutzt werden, um eine bessere Strategie für den Produktverkauf zu erarbeiten sowie Investitionen in effektive PPF in Betracht zu ziehen. Entgegen der Theorie zeigen die Ergebnisse, dass die Produktbilder nicht nur eine höhere Wahrnehmung der mentalen und physischen Greifbarkeit des Produktes hervorrufen, sondern auch die Kaufbereitschaft erhöhen. Produktbilder scheinen mehr positive Effekte als das Produktvideo zu haben, weshalb die Annahme getroffen werden kann, dass das Produktvideo dem Verbraucher ein nicht ausreichendes interaktives und sensorisches Erlebnis bietet. Daraus kann die Essenz gezogen werden, dass die Qualität sowie die Inhalte des Produktvideos als das Hauptaugenmerk betrachtet werden können. Unternehmen können die Ergebnisse auch dazu nutzen, um mehr über die Präferenzen der Konsumenten bezüglich ihres Berührungsbedürfnisses zu erfahren und dementsprechend ihre Produkte online besser zu vermarkten. Das Verständnis für das A-NFT ist für Unternehmen insoweit relevant, da es im Zusammenhang zum impulsiven Kaufverhalten steht und dieses Verhalten vor allem im Onlineshopping zunimmt. Obwohl in dieser Studie nur ein Produkt betrachtet wurde, führen die Ergebnisse zu der Erkenntnis, dass das A-NFT einen Einfluss auf die mentale Greifbarkeit hat und Individuen mit einer hohen Ausprägung das Produkt als weniger greifbar erleben. Da die Kaufbereitschaft mit einer höheren Greifbarkeit einhergeht, können die Unternehmen hier in Betracht ziehen, interaktive Anwendungen zu entwickeln, um dem Verbraucher bessere Impulse zu bieten.

5.3 Limitationen und zukünftige Forschung

Wie bei jeder Forschung stellt auch diese Studie mehrere Einschränkungen dar, die zu neuen Impulsen für zukünftige Untersuchungen führen. Zunächst wird hierbei auf die eingeschränkte Augenscheinvalidität eingegangen. Den Versuchspersonen standen neben den Treatments dieser Studie (Produktbildern vs. Produktvideo) keine zusätzlichen Informationen wie beispielsweise der Produktbeschaffenheit oder -qualität (z. B. weiches Leder aus Italien, in Deutschland produziert) zur Verfügung. Zudem wurden den Teilnehmern keine Tools wie eine Suchfunktion oder eine modellierte Website zur Verfügung gestellt, um ein echtes Onlineshopping-Erlebnis nahezubringen. Reale Onlineshopping-Bedingungen zu schaffen wäre ein lohnender Schritt, um das Erleben und Verhalten des Konsumenten realitätsnah zu erfassen. Auch der Einbezug von modernen Visualisierungstechniken wie Augmented Reality (AR) oder Virtual Reality (VR) könnte in der weiteren Forschung einen großen Aufschluss darüber bieten, ob Produkte greifbarer wahrgenommen werden und diese Formate das Berührungsbedürfnis kompensieren können. Des Weiteren wurde für diese Untersuchung aus ökonomischen Gründen nur ein Produkt betrachtet. Da es sich in dieser Studie bei dem Stimulus um einen Männer-

Geldbeutel handelt, könnte die Produktwahl zu verzerrten Ergebnissen führen, da der Frauenanteil in der Stichprobe sehr hoch ist. Da der Geldbeutel auf unterschiedlichen Kanälen wie TV und Social Media beworben wird, könnte die Bekanntheit der Marke zu Verzerrungen führen. Weiterer Forschungsbedarf ergibt sich aus dem Vergleich von unterschiedlichen Produkten, die hedonische oder utilitaristische Attribute aufweisen und geschlechtsunspezifisch sind. Trotz der Kontrollfrage, ob die Teilnehmer das Produkt angezeigt bekommen haben, konnte nicht auf die Qualitätsunterschiede in der Mediendarstellung oder -wiedergabe Einfluss genommen werden. Es wäre hier von Vorteil, Videomaterial in HD-Qualität zur Verfügung zu stellen, um die beste Qualität zu gewährleisten. Für diese Studie fanden Fragebögen Anwendung, für die zum Großteil keine validierten deutschen Fassungen existieren, weshalb eine Übersetzung ins Deutsche notwendig war. Hierbei wurde ersichtlich, dass ein Teil des Intangibility-Konstrukts aufgrund von Übersetzungsschwierigkeiten nicht verwendet werden konnte. Demnach wäre es bei einer weiteren Untersuchung von Vorteil, weitere aufwändigere Rechenverfahren wie der Faktorenanalyse anzuwenden, um Konstruktvalidität zu gewährleisten. In dieser Studie fand auch der Median-Split Anwendung, welcher zwar weite Verbreitung findet, in der Literatur jedoch kritisiert wird. Lasarov und Hoffmann (2017) führen auf, dass die künstliche Zweiteilung mit einer Stufenfunktion einhergeht, die zu veränderten Aussagen führt, welche ursprünglich in einer linearen Funktion dargelegt wurden. Den größten Nachteil an dem Verfahren des Median-Splits sehen die Autoren darin, dass dieser mit einem immensen Informationsverlust einhergeht. So könnten bei weiteren Untersuchungen andere inferenzstatistische Verfahren angewendet werden, die keine künstliche Dichotomisierung der Daten erfordern. Zuletzt kann auf Grundlage der explorativen Analysen weiterführende Forschungen vorangetrieben werden, die z. B. das Geschlecht oder die Onlineshopping-Frequenz als einen Einflussfaktor betrachtet.

5.4 Fazit

Diese Studie untersuchte die Auswirkung unterschiedlicher Produktpräsentationsformate auf die wahrgenommene Greifbarkeit des Produktes und betrachtete zugleich den möglichen Einfluss des A-NFT. Entgegen den Annahmen zeigen die Ergebnisse, dass Produktbilder zu einer höheren mentalen und physischen Greifbarkeit des Produktes führen und somit als ein effektiveres Medium im Vergleich zum Produktvideo betrachtet werden können. Obwohl zwischen den PPF und des A-NFT keine Wechselwirkung besteht, zeigt sich, dass A-NFT ein Haupteffekt auf die mentale Greifbarkeit besteht. Individuen mit einer niedrigen A-NFT-Ausprägung nehmen Produkte mental als greifbarer wahr. Es konnte zwischen den PPF kein Unterschied in der Kaufbereitschaft festgestellt werden, jedoch zeigen die Resultate, dass die Kaufabsicht steigt, je greifbarer das Produkt wahrgenommen wird. Da das impulsive Kaufverhalten im Onlineshopping-Kontext eine wesentliche Bedeutung einnimmt, wurde der Fokus auf den Zusammenhang zum A-NFT gelegt, welcher sich als signifikant rausstellte. Die gewonnen Einsichten ließen sich durch weitere Untersuchungen ergänzen, wobei hier in Anbetracht der Entwicklung der E-Commerce-Branche der Fokus auf AR oder VR gelegt werden könnte. Zudem wäre es auch in dem Zusammenhang lohnenswert zu untersuchen, inwieweit AR das Bedürfnis nach Berührung kompensieren kann.

Literaturverzeichnis

Balaji, M. S., Raghavan, S. & Jha, S. (2011). Role of tactile and visual inputs in product evaluation: A multisensory perspective. Asia Pacific Journal of Marketing and Logistics, 23(4), 513–530.

Basso, F., Petit, O., Le Bellu, S., Lahlou, S., Cancel, A. & Anton, J. L. (2018). Taste at first (person) sight: Visual perspective modulates brain activity implicitly associated with viewing unhealthy but not healthy foods. Appetite, 128, 242–254.

Beatty, S. E. & Ferrel, M. E. (1998). Impulse buying: Modeling its precursors. Journal of Retailing, 74(2), 169–191.

Billieux, J., Rochat, L., Rebetez, M. M. L. & Van der Linden (2008). Are all facets of impulsivity related to self-reported compulsive buying behavior? Personal and Individual Differences, 44(6), 1432–1442.

Choi, Y. K. & Taylor, C. R. (2014). How do 3-dimensional images promote products on the Internet? Journal of Business Research, 67, 2164–2170.

Cohen, J. (1988). Statistical Power Analyses for the Behavioral Sciences. Hillsdale: L. Erlbaum Associates.

de Vries, R., Jager, G., Tijssen, I. & Zandstra, E. H. (2018). Shopping for products in a virtual world: Why haptics and visuals are equally important in shaping consumer perceptions and attitudes. Food quality and preference, 66, 64–75.

Döring, N. & Bortz, J. (2016). Forschungsmethoden und Evaluation in den Sozial- und Humanwissenschaften (5. vollst. überarb. aktualisierte und erw. Aufl.). Berlin: Springer.

Dudenredaktion (o.J.). „Haptik" auf Duden online. Abgerufen am 06.01.2019, von https://www.duden.de/rechtschreibung/Haptik

Faul, F., Erdfelder, E., Lang, A.-G. & Buchner, A. (2007). G*Power 3: A flexible statistical power analyses program for the social, behavioral, and biomedical sciences. Behavior Research Methods, 39, 175–191.

Géci, A., Nagyová, L. & Rybanská, J. (2017). Impact of sensory marketing on consumer's buying behavior. Potravinarstvo Slovak Journal of Food Sciences, 11(1), 709–717.

Grunwald, M. & Beyer, L. (Hrsg.). (2001). Der bewegte Sinn. Grundlagen und Anwendungen zur haptischen Wahrnehmung. Basel: Birkhäuser.

Grunwald, M. & Müller, S. (2017). Wissenschaftliche Grundlagen der Palpation. In J. Mayer & C. Standen (Hrsg.), Lehrbuch Osteopathische Medizin (S. 251–265). München: Elsevier.

Haus, K.-M. (2010). Neurophysiologische Behandlung bei Erwachsenen (2. überarb. Aufl.). Berlin: Springer.

Hatzinger, R., Hornik, K., Nagel, H. & Maier, M. J. (2014). R: Einführung durch angewandte Statistik (2. aktualisierte Aufl.). Hallbergmoos: Pearson.

Hewawalpita, S. & Perera, I. (2017). Effect of 3D product presentation on consumer preference in e-commerce. In A. G. Jayasekara & P. Buddhika (Hrsg.), MERCon 2017: 3rd international conference: Moratuwa Engineering Research Conference (S. 485–490). Piscataway, NJ: IEEE.

Huber, O. (2013). Das psychologische Experiment: Eine Einführung (6. überarb. Aufl.). Bern: Verlag Hans Huber.

Initiative D21 (2019). D21 Digital Index 2018/2019. Jährliches Lagebild zur Digitalen Gesellschaft. Abgerufen am 31.01.2019, von https://initiatived21.de/app/uploads/2019/01/d21_index2018_2019.pdf

Institut für Handelsforschung ECC Köln (2017). e-KIX: Jeder zweite kleine und mittlere Onlinehändler will seine Produktpräsentation überarbeiten. Abgerufen am 20.01.2019, von https://www.ifhkoeln.de/pressemitteilungen/details/e-kix-jeder-zweite-kleine-und-mittlere-onlinehaendler-will-seine-produktpraesentation-ueberarbeiten/

Intangibility. (2019). In Merriam-Webster's online dictionary. Abgerufen am 11.05.2019, von https://www.merriam-webster.com/dictionary/intangibility

Jai, T.-M., O'Boyle, M. W. & Fang, D. (2014). Neural correlates of sensory-enabling presentation: An fMRI study of image zooming and rotations video effects on online apparel shopping. Journal of Consumer Behaviour, 13(5), 342–350.

Jiang, Z. & Benbasat, I. (2007). Investigating the influence of the functional mechanisms of online product presentations. Information Systems Research, 18(4), 454–470.

Kala, D. & Chaubey, D. S. (2019). Impact of product presentation on purchase intention: Moderating role of mood in online shopping of lifestyle products. In S. Dasgupta & P. Grover (Hrsg.), Optimizing millennial consumer engagement with mood analysis (S. 1–18). Hershey, PA: IGI Global.

Kallus, K. W. (2016). Erstellung von Fragebogen (2. aktualisierte und überarb. Aufl.). Wien: Facultas.

Kampfer, K., Ivens, B. & Brem, A. (2017). Multisensory innovation: Haptic input and its role in product design. IEEE Engineering Management Review, 45(4), 32–38.

Keng, C. J., Liao, T. H. & Yang, Y. I. (2012). The effects of sequential combinations of virtual experience, direct experience, and indirect experience: The moderating roles of need for touch and product involvement. Electronic Commerce Research, 12(2), 177–199.

Krishna, A. & Schwarz, N. (2014). Sensory marketing, embodiment, and grounded cognition: A review and introduction. Journal of Consumer Psychology, 24(2), 159–168.

Lasarov, W. & Hoffmann, S. (2017). Median-Split. WiSt - Wirtschaftswissenschaftliches Studium, 46(4), 11–18.

Laroche, M., Bergeron, J. & Goutaland, C. (2001). A three-dimensional scale of intangibility. Journal of Service Research, 4(1), 26–38.

Laroche, M., Bergeron, J. & Goutaland, C. (2003). How intangibility affects perceived risk: The moderating role of knowledge and involvement. Journal of Services Marketing, 17(2), 122–140.

Laroche, M., Yang, Z., McDougall, G. H. G. & Bergeron, J. (2005). Internet versus bricks-and-mortar retailers: An investigation into intangibility and its consequences. Journal of Retailing, 81(4), 251–267.

Liao, C., To, P. L., Wong, Y. C., Palvia, P. & Kakhki, M. D. (2016). The impact of presentation mode and product type on online impulse buying decisions. Journal of Electronic Commerce Research, 17(2), 153–168.

Lim, S. H., Lee, S. & Kim, D. J. (2017). Is online consumers' impulsive buying beneficial for E-commerce companies? An empirical investigation of online consumers' past impulsive buying behavior. Information Systems Management, 34(1), 85–100.

Manderscheid, K. (2017). Sozialwissenschaftliche Datenanalyse mit R: Eine Einführung (2. Aufl.). Wiesbaden: Springer.

Manzano, R., Ferrán, M., Gavilan, D., Avello, M. & Abril, C. (2016). The influence of Need for Touch in multichannel purchasing behavior: An approach based on its instrumental and autotelic dimensions and consumer´s shopping task. International Journal of Marketing, 4(6), 48–68.

Mazaheri, E., Richard, M.-O., Laroche, M. & Ueltschy, L. (2014). The influence of culture, emotions, intangibility, and atmospheric cues on online behavior. Journal of Business Research, 67, 253–259.

Nepomuceno, M. V., Laroche, M. & Richard, M.-O. (2014). How to reduce perceived risk when buying online: The interactions between intangibility, product knowledge, brand familiarity, privacy and security concerns. Journal of Retailing and Consumer Services, 21, 619–629.

Niedenthal, P. M., Barsalou, L. W., Winkielman, P., Krauth-Gruber, S. & Ric, F. (2005). Embodiment in attitudes, social perception, and emotion. Personality and Social Psychology, 9(3), 184–211.

Nuszbaum, M., Voss, A., Klauer, K. C. & Betsch, T. (2010). Assessing individual differences in the use of haptic information using a German translation of the Need for Touch scale. Social Psychology, 41(4), 263–274.

Orús, C., Gurrea, R. & Flavián, C. (2017). Facilitating imaginations through online presentation videos: Effects on imagery fluency, product attitude and purchase intention. Electronic Commerce Research, 17(4), 661–700.

Overmars, S. & Poels, K. (2015). A touching experience: Designing for touch sensations in online retail environments. International Journal of Design, 9(3), 17–31.

Peck, J. & Childers T. L. (2003a). To have and to hold: The influence of haptic information on product judgments. Journal of Marketing, 62(2), 35–48.

Peck, J. & Childers T. L. (2003b). Individual differences in haptic information processing: The "Need for Touch" scale. Journal of Consumer Research, 30, 430–442.

Peck, J. & Childers T. L. (2006). If I touch it I have to have it: Individual and environmental influences on impulse purchasing. Journal of Business Research, 59(6), 765–769.

Petit, O., Velasco, C. & Spence, C. (2019). Digital sensory marketing: Integrating new technologies into multisensory online experience. Journal of Interactive Marketing, 45, 42–61.

Rasch, B., Friese, M., Hofmann, W. & Naumann, E. (2014a). Quantitative Methoden 1:Einführung in die Statistik für Psychologen und Sozialwissenschaftler (4. überarb.Aufl.). Berlin: Springer.

Rasch, B., Friese, M., Hofmann, W. & Naumann, E. (2014b). Quantitative Methoden 2:Einführung in die Statistik für Psychologen und Sozialwissenschaftler (4. überarb.Aufl.). Berlin: Springer.

Rodrigues, T., Silva, S. C. & Duarte, P. (2017). The value of textual haptic information in online clothing shopping. International of Fashion Marketing and Management, 21(1), 88–102.

Roggeveen, A. L., Grewal, D., Townsend, C. & Krishnan, R. (2015). The impact of dynamic presentation format on consumer preferences for hedonic products and services. Journal of Marketing, 79(6), 34–49.

Rook, D. W. & Fisher, R. J. (1995). Normative influences on impulsive buying behavior. Journal of Consumer Research, 22(3), 305–313.

San-Martin, S., González, Ò. & Martos-Partal, M. (2017). To what extent does need for touch affect online perceived quality? International Journal of Retail & Distribution Management, 45(9), 950–968.

Sathian, K. (2016). Analysis of haptic information in the cerebral cortex. Journal of Neurophysiology, 116(4), 1795–1806.

Sedlmeier, P. & Renkewitz, F. (2016). Forschungsmethoden und Statistik für Psychologen und Sozialwissenschaftler (3. aktualisierte und erw. Aufl.). Hallbergmoos: Pearson.

Valtakoski, A. (2015). Initiation of buyer-seller relationships: The impact of intangibility, trust and mitigation strategies. Industrial Marketing Management, 44, 107–118.

Verhagen, T. & Van Dolen, W. (2011). The influence of online store beliefs on consumer online impulse buying: A model and empirical application. Information & Management, 48(8), 320–327.

Verhagen, T., Vonkeman, C., Feldberg, F. & Verhagen, P. (2014). Present it like it is there: Creating local presence to improve online product experiences. Computers in Human Behavior, 39, 270–280.

Verhagen, T., Vonkeman, C. & Van Dolen, W. (2016). Making online products more tangible: The effect of product presentation formats on product evaluations. Cyberpsychology, Behavior and Social Networking, 19(7), 460–464.

Verplanken, B. & Herabadi, A. (2001). Individual differences in impulse buying tendency: Feeling and no thinking. European Journal of Personality, 15, 71–83.

Vonkeman, C., Verhagen, T. & Van Dolen, W. (2017). Role of local presence in online impulse buying. Information & Management, 54(8), 1038–1048.

Workman, J. E. & Cho, S. (2013). Gender, fashion consumer group, need for touch and Korean apparel consumers shopping channel preference. International Journal of Consumer Studies, 37(5), 522–529.

Wu, L., Chen, K. W. & Chiu, M. L. (2016). Defining key drivers of online impulse purchasing: A perspective of both impulse shoppers and system users. International Journal of Information Management, 36(3), 284–296.

Xu, P., Chen, L. & Santhanam, R. (2015). Will video be the next generation of e-commerce product reviews? Presentation format and the role of product type. Decision Support Systems, 73, 85–96.

Yoo, J. & Kim, M. (2014). The effects of online product presentation on consumer responses: A mental imagery perspective. Journal of Business Research, 67, 2464–2472.

Zhang, X, Prybutok, V. R. & Strutton, D. (2007). Modeling influences on impulse purchasing behaviors during online marketing transactions. Journal of Marketing Theory and Practice, 15(1), 79–89.

Zhang, K. Z., Xu, H., Zhao, S. & Yu, Y. (2018). Online reviews and impulse buying behavior: The role of browsing and impulsiveness. Internet Research, 28(2), 522–543.

Anhang

A) Fragebögen

A-1) Buying Impulsiveness Skala

	Items	Factor loading	Mean	SD
1.	I often buy things spontaneously.	.81	3.08	1.18
	(Ich kaufe oft spontan Dinge)			
2.	"Just do it" describes the way I buy things.	.75	2.65	1.17
	("Mach es einfach" beschreibt, wie ich Dinge kaufe)			
3.	I often buy things without thinking.	.73	2.33	1.19
	(Ich kaufe oft Dinge, ohne nachzudenken)			
4.	"I see it, I buy it" describes me.	.71	2.36	1.15
	("Ich sehe es, ich kaufe es" beschreibt mich)			
5.	"Buy now think about it later" describes me.	.65	2.25	1.20
	("Kaufe jetzt, denke später drüber nach" beschreibt mich)			
6.	Sometimes I feel like buying things on the spur-of-the-moment.	.64	3.40	1.04
	(Manchmal habe ich Lust, Dinge spontan zu kaufen)			
7.	I buy things according to how I feel at the moment.	.63	3.17	1.19
	(Ich kaufe Dinge, je nachdem, wie ich mich im Moment fühle)			
8. R	I carefully plan most of my purchases.	.62	2.81	1.16
	(Ich plane die meisten meiner Einkäufe sorgfältig)			
9.	Sometimes I am a bit reckless when I buy things.	.60	2.99	1.06
	(Manchmal bin ich etwas rücksichtslos, wenn ich Dinge kaufe)			
Note. n = 212. Possible range for scale: 9-45; observed scale range: 9-43; M = 25.1; SD = 7.4; α = .88. Response format: 1 = strongly disagree; 5 = strongly agree. R = Reverse-coded item. German translation is in brackets; the factor loads were not calculated for the German translation.				

Tabelle 7 Items und statistische Kennwerte der Buying Impulsiveness Skala (eigene Darstellung)

A-2) Intangibility Skala

	Item	Factor 1	Factor 2	Factor 3
Physical Intangibility				
P1.	This item is very easy to see and touch.		-.786	
	(Dieses Produkt ist gut zu erkennen und zu berühren)			
P2.	I can physically grasp this item.		-.872	
	(Ich kann dieses Produkt physisch erfassen)			
P3.	This item evokes different images.		-.241	
	(Dieses Produkt ruft verschiedene Bilder hervor)			
P4.	This item is very tangible.		-.762	
	(Dieses Produkt ist sehr greifbar)			
Mental Intangibility				
M8.	I need more information about this item to make myself a clear idea of what it is	.655		
	(Ich benötige mehr Informationen über dieses Produkt, um mir eine klare Vorstellung davon zu machen, was es ist)			
M9.	I have a clear picture of this item	.890	-.559	
	(Ich habe ein klares Bild von diesem Produkt)			
M10.	The image of this item comes to my mind right away	.877	-.552	
	(Das Bild dieses Produkts kommt mir sofort in den Sinn)			
M11.	This is not the sort of item that is easy to picture	.617		
	(Dies ist nicht die Art von Produkt, das leicht zu beschreiben ist)			
M12.	This is a difficult item to think about	.657		
	(Dies ist ein kompliziertes Produkt, über den man nachdenken muss)			
Eigenvalues		5.07	1.40	1.01

Note. a. The physical and mental intangibility scales were measured on a 9-point Likert-type scale (strongly disagree to strongly agree) b. The term items was replaced with the appropriate term (product or service) in the questionnaires. Mental dimension: $\alpha = .86$; Physical dimension: $\alpha = .74$ (Item P3 removed: $\alpha = .85$). German translation is in brackets; the factor loads were not calculated for the German translation.

Tabelle 8 Items und statistische Kennwerte der Intangibility Skala (eigene Darstellung)

A-3) Need for Touch Skala

	Items	Dimension
1.	Wenn ich einkaufen gehe, muss ich alle möglichen Artikel anfassen.	A
2.	Es macht Spaß, alle möglichen Artikel anzufassen	A
3.	Ich vertraue stärker auf Artikel, die man vor dem Kauf anfassen kann.	I
4.	Beim Kauf eines Artikels fühle ich mich wohler, wenn ich diesen vorher durch Anfassen eingehend geprüft habe	I
5.	Wenn ich mich in Geschäften umsehe, ist es wichtig für ich, alle möglichen Artikel in die Hand zu nehmen.	A
6.	Wenn ich einen Artikel im Geschäft nicht anfassen kann, möchte ich diesen nur ungern kaufen.	I
7.	Auch wenn ich einen Artikel nicht unbedingt kaufen will, mag ich es ihn anzufassen.	A
8.	Beim Kauf eines Artikels fühle ich mich sicherer, wenn ich diesen zuvor anfassen konnte, weil ich dadurch etwas über die Qualität des Artikels erfahren kann.	I
9.	Beim Stöbern in Geschäften mag ich es einfach alle möglichen Artikel anzufassen	A
10.	Um herauszufinden, ob es sich lohnt einen Artikel zu kaufen, muss man diesen angefasst haben	I
11.	Es gibt eine Vielzahl von Artikeln, die ich nur kaufen würde, wenn ich sie zuvor auch in die Hand nehmen kann.	I
12.	Beim Einkaufen ertappe ich mich immer wieder dabei, dass ich alle möglichen Artikel anfasse.	A

Note. Answers were scored on a 7-point scale and ranged from 3 (not at all true) to +3 (exactly true). A = autotelic scale; I = instrumental scale.

Tabelle 9 Items der Need for Touch Skala
(eigene Darstellung)

A-4) Purchase Intention Skala

	Item
1.	How likely would you be to purchase the product? (Wie wahrscheinlich ist es, dass Sie das Produkt kaufen?)

Note. Self-reported measure on a 7-point Likert-type scale, from 1 (very unlikely to) to 7 (very likely). German translation is in brackets.

Tabelle 10 Items der Purchase Intention Skala
(eigene Darstellung)

Anhang

B) Variablenübersicht und Kodierung in SoSci Survey

Die Übersicht der Variablen mit den jeweiligen Ausprägungen, die in der Befragung verwendet wurden, werden im Folgenden dargelegt.

Rubrik SD: Soziodemografie

[SD01] Auswahl
Geschlecht
"Welches Geschlecht haben Sie?"

SD01 Geschlecht
1 = weiblich
2 = männlich
-9 = nicht beantwortet

[SD02] Lückentext
Alter (direkt)
"Wie alt sind Sie?"

SD02_01 Ich bin … Jahre
Offene Eingabe (Ganze Zahl)

[SD11] Auswahl
Formale Bildung (einfach)
"Welchen Bildungsabschluss haben Sie?"

SD11 Formale Bildung (einfach)
8 = Fachhochschul-/Hochschulabschluss
7 = Abitur, Hochschulreife
6 = Fachabitur, Fachhochschulreife
5 = Abgeschlossene Lehre
4 = Mittlere Reife, Realschul- oder gleichwertiger Abschluss
3 = Volks-, Hauptschulabschluss, Quali
1 = Schule beendet ohne Abschluss
9 = Sonstiges
-9 = nicht beantwortet

[SD14] Auswahl
Beschäftigung
"Was machen Sie beruflich?"

SD14 Beschäftigung
1 = Schüler/in
2 = In Ausbildung
3 = Student/in
4 = Angestellte/r
5 = Beamte/r
6 = Selbstständig
7 = Arbeitslos/Arbeit suchend
8 = Sonstiges
-9 = nicht beantwortet

Anhang

Rubrik Z0: Zufallsgenerator

[Z001] Zufallsgenerator
Zufallsgenerator

Z001_CP Zufallsgenerator: Vollständige Leerungen der Urne bisher
  Ganze Zahl
Z001 Zufallsgenerator: Gezogener Code
  1 = Leute, die Bilder sehen
  2 = Leute, die Videos sehen

Rubrik NF: Need for Touch

[NF01] Skala (Extrema beschriftet)
Need for Touch
"Der Begriff „Artikel" wird in diesem Fragebogen als Synonym für alle Arten von Produkten verwendet, die man ..."

NF01_01 Wenn ich einkaufen gehe, muss ich alle möglichen Artikel anfassen.
NF01_02 Es macht Spaß, alle möglichen Artikel anzufassen.
NF01_03 Ich vertraue stärker auf Artikel, die man vor dem Kauf anfassen kann.
NF01_04 Beim Kauf eines Artikels fühle mich wohler, wenn ich diesen vorher durch Anfassen eingehend geprüft habe.
NF01_05 Wenn ich mich in Geschäften umsehe, ist es wichtig für mich, alle möglichen Artikel in die Hand zu nehmen.
NF01_06 Wenn ich einen Artikel im Geschäft nicht anfassen kann, möchte ich diesen nur ungern kaufen.
NF01_07 Auch wenn ich einen Artikel nicht unbedingt kaufen will, mag ich es ihn anzufassen.
NF01_08 Beim Kauf eines Artikels fühle ich mich sicherer, wenn ich diesen zuvor anfassen konnte, weil ich dadurch etwas über die Qualität des Artikels erfahren kann.
NF01_09 Beim Stöbern in Geschäften mag ich es einfach alle möglichen Artikel anzufassen.
NF01_10 Um herauszufinden, ob es sich lohnt einen Artikel zu kaufen, muss man diesen angefasst haben.
NF01_11 Es gibt eine Vielzahl von Artikeln, die ich nur kaufen würde, wenn ich sie zuvor auch in die Hand nehmen kann.
NF01_12 Beim Einkaufen ertappe ich mich immer wieder dabei, dass ich alle möglichen Artikel anfasse.

1 = stimmt überhaupt nicht [1]
2 = [2]
3 = [3]
4 = [4]
5 = [5]
6 = [6]
7 = stimmt völlig [7]
-9 = nicht beantwortet

Anhang

Rubrik OS: Onlineshopping

[OS01] Auswahl
Online Hours
"Wie lange sind Sie an einem durchschnittlichem Tag online?"

OS01 Online Hours
5 = 0 bis 1 Stunde
1 = Bis 3 Stunden
2 = Zwischen 4 und 6 Stunden
4 = Über 7 Stunden
6 = Kann ich nicht beantworten
-9 = nicht beantwortet

[OS02] Auswahl
Online Kauf
"Wie häufig kaufen Sie Produkte im Internet?"

OS02 Online Kauf
1 = täglich
2 = mehrmals wöchentlich
3 = wöchentlich
4 = monatlich
5 = seltener
6 = nie
-9 = nicht beantwortet

Rubrik IB: Impulse Buying Behavior

[IB01] Skala (Extrema beschriftet)
IB

IB01_01 Ich kaufe oft spontan Dinge.
IB01_02 "Mach es einfach" beschreibt, wie ich Dinge kaufe.
IB01_03 Ich kaufe oft Dinge, ohne nachzudenken.
IB01_04 "Ich sehe es, ich kaufe es" beschreibt mich.
IB01_05 "Kaufe jetzt, denke später drüber nach" beschreibt mich.
IB01_06 Manchmal habe ich Lust, Dinge spontan zu kaufen.
IB01_07 Ich kaufe Dinge, je nachdem, wie ich mich im Moment fühle.
IB01_09 Manchmal bin ich etwas rücksichtslos, wenn ich Dinge kaufe.
1 = stimme garnicht zu [1]
2 = [2]
3 = [3]
4 = [4]
5 = stimme voll zu [5]
-9 = nicht beantwortet

IB01_08 Ich plane die meisen meiner Einkäufe sorgfältig. (umgepolt)
1 = stimme voll zu [5]
2 = [4]
3 = [3]
4 = [2]
5 = stimme garnicht zu [1]
-9 = nicht beantwortet

Rubrik PI: Physical Intangibility

[PI02] Skala (Extrema beschriftet)
Physical Intangiblity
"Denken Sie bitte bei den folgenden Fragen an das vorher gezeigte Produkt. Bitte geben Sie für jede Aussage a..."

PI02_01 Dieses Produkt ist gut zu erkennen und zu berühren.
PI02_02 Ich kann dieses Produkt physisch erfassen.
PI02_03 Dieses Produkt ruft verschiedene Bilder hervor.
PI02_04 Dieses Produkt ist sehr greifbar.

1 = stimme garnicht zu [1]
2 = [2]
3 = [3]
4 = [4]
5 = [5]
6 = [6]
7 = [7]
8 = [8]
9 = stimme voll zu [9]
-9 = nicht beantwortet

Rubrik MI: Mental Intangibility

[MI01] Skala (Extrema beschriftet)
Mental Intangibility

MI01_01 Ich benötige mehr Informationen über dieses Produkt, um mir eine klare Vorstellung davon zu machen, was es ist.
MI01_02 Ich habe ein klares Bild von diesem Produkt.
MI01_03 Das Bild dieses Produkts kommt mir sofort in den Sinn.
MI01_04 Dies ist nicht die Art von Produkt, das leicht zu beschreiben ist.
MI01_05 Dies ist ein kompliziertes Produkt, über den man nachdenken muss.

1 = stimme garnicht zu [1]
2 = [2]
3 = [3]
4 = [4]
5 = [5]
6 = [6]
7 = [7]
8 = [8]
9 = stimme voll zu [9]
-9 = nicht beantwortet

Rubrik KB: Kaufbereitschaft

[KB01] Skala (Extrema beschriftet)
KB
"Bitte denken Sie noch einmal an das vorher gezeigte Produkt."

KB01_01 Wie wahrscheinlich ist es, dass Sie das Produkt kaufen würden?

1 = sehr unwahrscheinlich [1]
2 = [2]
3 = [3]
4 = [4]
5 = [5]
6 = [6]
7 = sehr wahrscheinlich [7]
-9 = nicht beantwortet

Anhang

Rubrik P0: Preis

[P001] Texteingabe offen
Preis
"Wie viel wären Sie bereit, für das soeben gezeigte Produkt zu bezahlen?"
P001_01 ... €
Offene Eingabe (Ganze Zahl)

Rubrik S0: Stimulus gesehen

[S001] Auswahl
S
"Wurde das Produkt auf Ihrem Endgerät korrekt dargestellt?"
S001 S
1 = ja, das Produkt wurde angezeigt 2 = nein, das Produkt wurde nicht angezeigt -9 = nicht beantwortet

C) Treatments der Studie

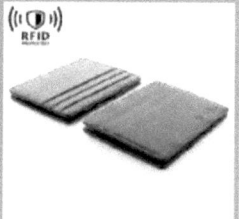

Abbildung 9. Treatment 1: Produktbilder (eigene Darstellung).

Anhang

 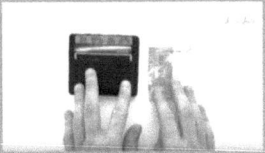 

Abbildung 10. Treatment 2: Produktvideo anhand eines Storyboards (eigene Darstellung).

D) Deskriptive Statistik

D-1) Deskriptive Maße der Stichprobe

Item	Häufigkeit	Prozent (%)
Geschlecht		
Männlich	153	38.53
Weiblich	244	61.46
Formale Bildung		
Hochschulabschluss	97	24.43
Abitur, Hochschulreife	168	42.32
Fachabitur, Fachhochschulreife	58	14.61
Abgeschlossene Lehre	50	12.59
Mittlere Reife, Realschulabschluss	18	4.53
Volks-, Hauptschulabschluss, Quali	3	0.76
Schule beendet ohne Abschluss	1	0.25
Sonstiges	2	0.50
Beschäftigung		
Schüler/in	0	0
In Ausbildung	8	2.02
Student/in	61	15.37

Item	Häufigkeit	Prozent (%)
Angestellte/r	316	79.60
Beamte/r	3	0.76
Selbstständig	4	1.01
Arbeitslos/ Arbeit suchend	2	0.50
Sonstiges	3	0.76
Online verbrachte Stunden		
0 bis 1 Stunde	25	6.30
Bis 3 Stunden	200	50.38
Zwischen 4 und 6 Stunden	99	24.94
Über 7 Stunden	70	17.63
Kann ich nicht beantworten	3	0.76
Online Kauf		
täglich	3	0.76
Mehrmals wöchentlich	34	8.56
wöchentlich	109	27.46
monatlich	186	46.85
seltener	61	15.37
nie	4	1.01

Tabelle 11 Deskriptive Maße der Befragten (n = 397)
(eigene Darstellung)

D-2) Dichtediagramme

(1) Mentale Greifbarkeit

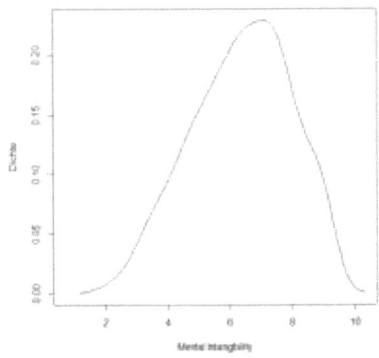

(2) Physische Greifbarkeit

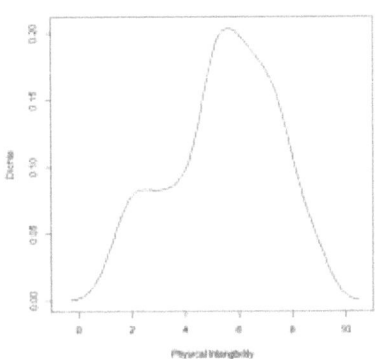

(3) Impulsives Kaufverhalten

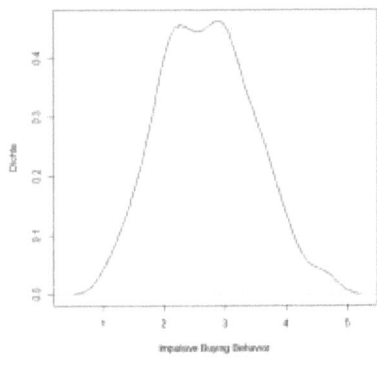

(4) NFT

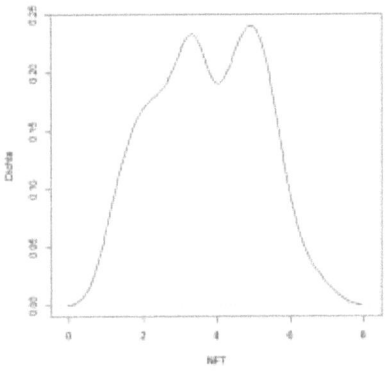

(5) A-NFT

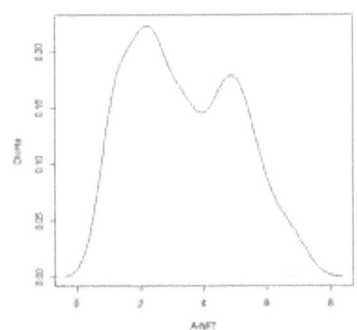

(6) I-NFT

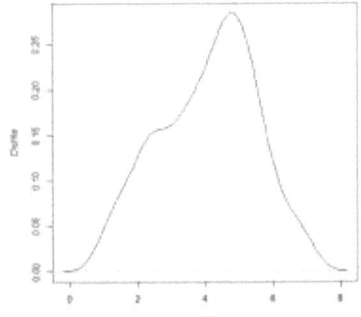

(7) Kaufbereitschaft

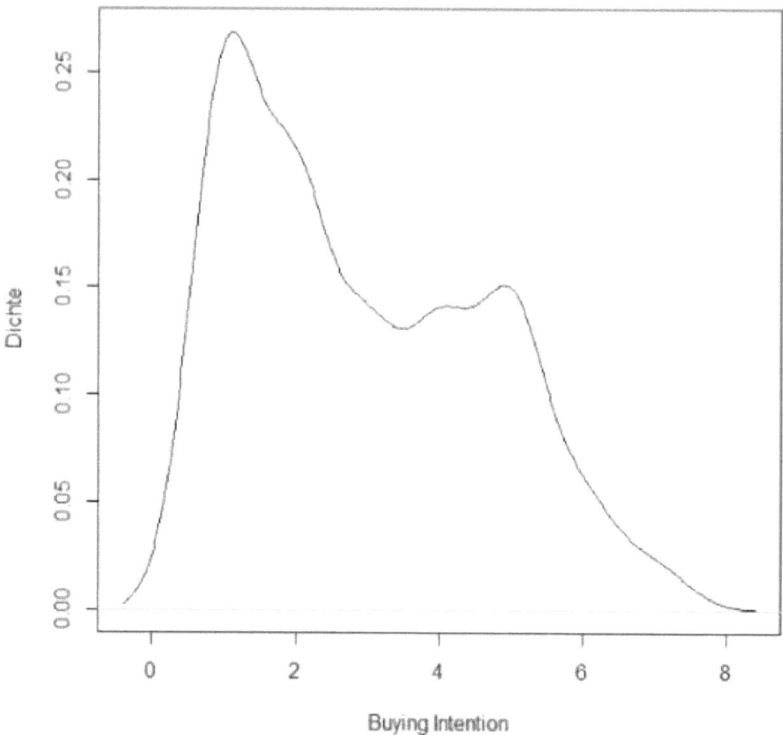

Abbildung 11. Dichtediagramme der metrischen Variablen entlang der Studie (eigene Darstellung).

D-3) QQ-Plots

(1) Mentale Greifbarkeit

(2) Physische Greifbarkeit

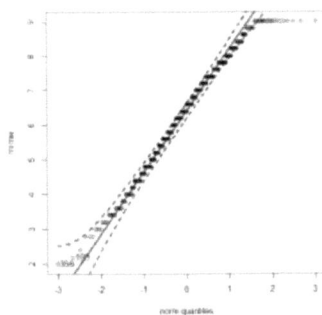
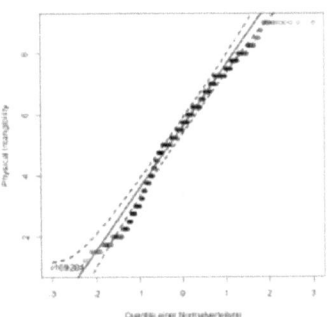

(3) Impulsives Kaufverhalten

(4) NFT

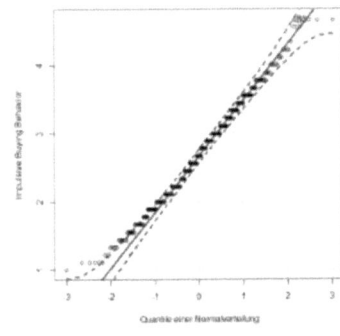
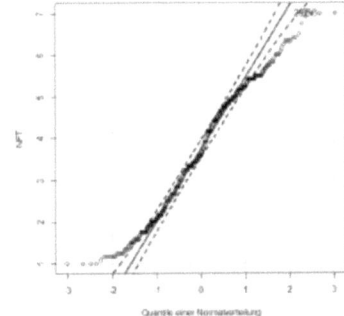

(5) A-NFT

(6) I-NFT

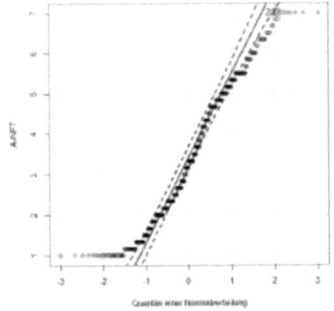
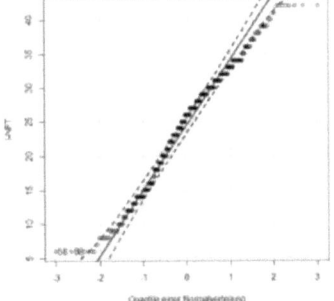

(7) Kaufbereitschaft

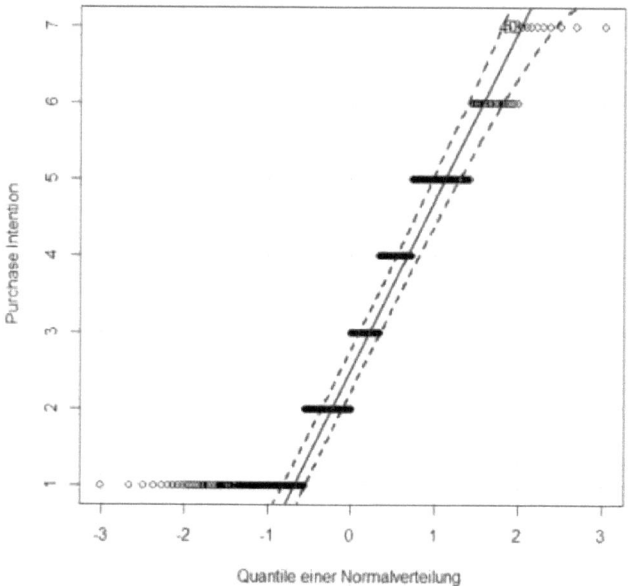

Abbildung 12. QQ-Plots der metrischen Variablen entlang der Studie (eigene Darstellung).

Anhang

D-4) Streudiagramme

(1)

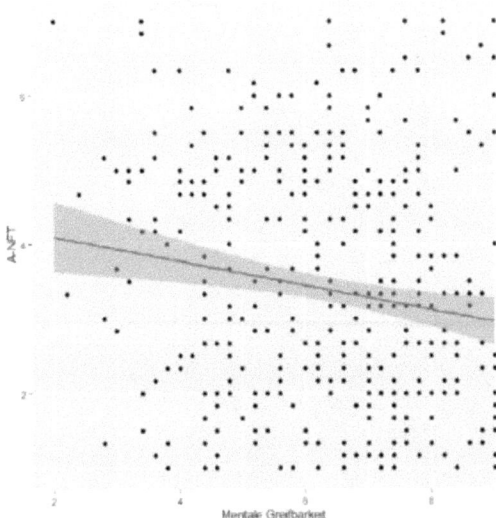

(2)

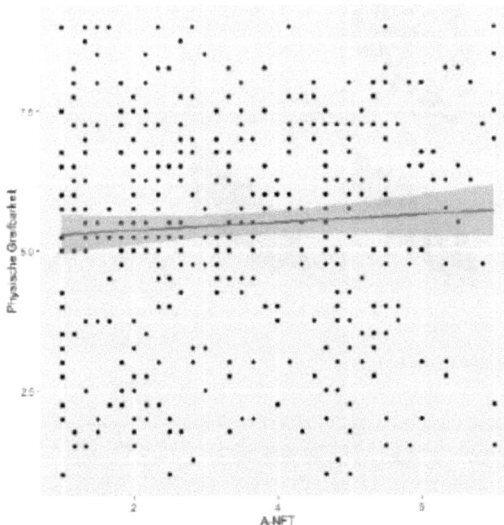

Abbildung 13. Prüfung auf Linearität der H1 (1) und H2 (2) (eigene Darstellung).

E) Inferenzstatistik

E-1) Matrixdiagramm Korrelationsberechnung

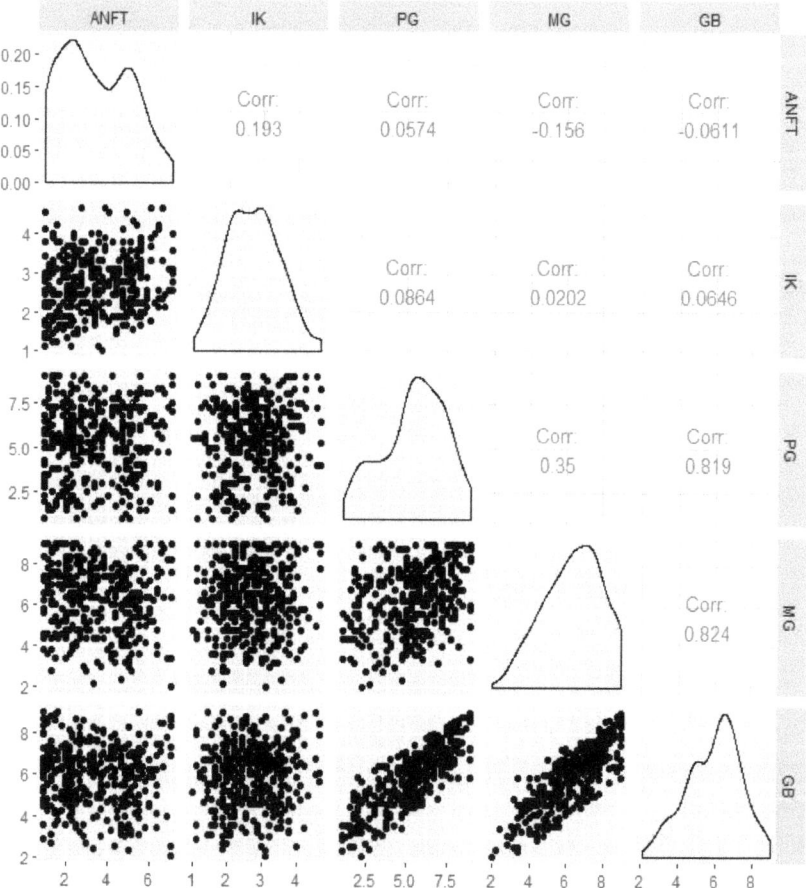

Abbildung 14. Matrixdiagramm der Korrelationen (eigene Darstellung).